Mauro Alice

Um Operário do Filme

Mauro Alice

Um Operário do Filme

Sheila Schvarzman

imprensaoficial

São Paulo, 2008

Governador José Serra

imprensaoficial **Imprensa Oficial do Estado de São Paulo**

Diretor-presidente Hubert Alquéres

Coleção Aplauso

Coordenador Geral Rubens Ewald Filho

Apresentação

Segundo o catalão Gaudí, *não se deve erguer monumentos aos artistas porque eles já o fizeram com suas obras.* De fato, muitos artistas são imortalizados e reverenciados diariamente por meio de suas obras eternas.

Mas como reconhecer o trabalho de artistas geniais de outrora, que para exercer seu ofício muniram-se simplesmente de suas próprias emoções, de seu próprio corpo? Como manter vivo o nome daqueles que se dedicaram à mais volátil das artes, escrevendo, dirigindo e interpretando obras-primas, que têm a efêmera duração de um ato?

Mesmo artistas da TV pós-videoteipe seguem esquecidos, quando os registros de seu trabalho ou se perderam ou são muitas vezes inacessíveis ao grande público.

A *Coleção Aplauso*, de iniciativa da Imprensa Oficial, pretende resgatar um pouco da memória de figuras do Teatro, TV e Cinema que tiveram participação na história recente do País, tanto dentro quanto fora de cena.

Ao contar suas histórias pessoais, esses artistas dão-nos a conhecer o meio em que vivia toda uma classe que representa a consciência crítica da sociedade. Suas histórias tratam do contexto social no qual estavam inseridos e seu inevitável reflexo na arte. Falam do seu engajamento político em épocas adversas à livre expressão e as conseqüências disso em suas próprias vidas e no destino da nação.

Paralelamente, as histórias de seus familiares se entrelaçam, quase que invariavelmente, à saga dos milhares de imigrantes do começo do século passado no Brasil, vindos das mais variadas origens. Enfim, o mosaico formado pelos depoimentos compõe um quadro que reflete a identidade e a imagem nacional, bem como o processo político e cultural pelo qual passou o país nas últimas décadas.

Ao perpetuar a voz daqueles que já foram a própria voz da sociedade, a *Coleção Aplauso* cumpre um dever de gratidão a esses grandes símbolos da cultura nacional. Publicar suas histórias e personagens, trazendo-os de volta à cena, também cumpre função social, pois garante a preservação de parte de uma memória artística genuinamente brasileira, e constitui mais que justa homenagem àqueles que merecem ser aplaudidos de pé.

José Serra
Governador do Estado de São Paulo

Coleção Aplauso

O que lembro, tenho.
Guimarães Rosa

A *Coleção Aplauso*, concebida pela Imprensa Oficial, visa a resgatar a memória da cultura nacional, biografando atores, atrizes e diretores que compõem a cena brasileira nas áreas de cinema, teatro e televisão. Foram selecionados escritores com largo currículo em jornalismo cultural para esse trabalho em que a história cênica e audiovisual brasileira vem sendo reconstituída de maneira singular. Em entrevistas e encontros sucessivos estreita-se o contato entre biógrafos e biografados. Arquivos de documentos e imagens são pesquisados, e o universo que se reconstitui a partir do cotidiano e do fazer dessas personalidades permite reconstruir sua trajetória.

A decisão sobre o depoimento de cada um na primeira pessoa mantém o aspecto de tradição oral dos relatos, tornando o texto coloquial, como se o biografado falasse diretamente ao leitor.

Um aspecto importante da *Coleção* é que os resultados obtidos ultrapassam simples registros biográficos, revelando ao leitor facetas que também caracterizam o artista e seu ofício. Biógrafo e biografado se colocaram em reflexões que se estenderam sobre a formação intelectual e ideológica do artista, contextualizada na história brasileira, no tempo e espaço da narrativa de cada biografado.

São inúmeros os artistas a apontar o importante papel que tiveram os livros e a leitura em sua vida, deixando transparecer a firmeza do pensamento crítico ou denunciando preconceitos seculares que atrasaram e continuam atrasando nosso país. Muitos mostraram a importância para a sua formação terem atuado tanto no teatro quanto no cinema e na televisão, adquirindo, linguagens diferenciadas – analisando-as com suas particularidades.

Muitos títulos extrapolam os simples relatos biográficos, explorando – quando o artista permite – seu universo íntimo e psicológico, revelando sua autodeterminação e quase nunca a casualidade por ter se tornado artista – como se carregasse desde sempre, seus princípios, sua vocação, a complexidade dos personagens que abrigou ao longo de sua carreira.

São livros que, além de atrair o grande público, interessarão igualmente a nossos estudantes, pois na *Coleção Aplauso* foi discutido o processo de criação que concerne ao teatro, ao cinema e à televisão. Desenvolveram-se temas como a construção dos personagens interpretados, a análise, a história, a importância e a atualidade de alguns dos personagens vividos pelos biografados. Foram examinados o relacionamento dos artistas com seus pares e diretores, os processos e as possibilidades de correção de erros no exercício do teatro e do cinema, a diferença entre esses veículos e a expressão de suas linguagens.

Gostaria de ressaltar o projeto gráfico da *Coleção* e a opção por seu formato de bolso, a facilidade para ler esses livros em qualquer parte, a clareza de suas fontes, a iconografia farta e o registro cronológico de cada biografado.

Se algum fator específico conduziu ao sucesso da *Coleção Aplauso* – e merece ser destacado –, é o interesse do leitor brasileiro em conhecer o percurso cultural de seu país.

À Imprensa Oficial e sua equipe coube reunir um bom time de jornalistas, organizar com eficácia a pesquisa documental e iconográfica e contar com a disposição e o empenho dos artistas, diretores, dramaturgos e roteiristas. Com a *Coleção* em curso, configurada e com identidade consolidada, constatamos que os sortilégios que envolvem palco, cenas, coxias, *sets* de filmagem, textos, imagens e palavras conjugados, e todos esses seres especiais – que nesse universo transitam, transmutam e vivem – também nos tomaram e sensibilizaram.

É esse material cultural e de reflexão que pode ser agora compartilhado com os leitores de todo o Brasil.

Hubert Alquéres
Diretor-presidente da
Imprensa Oficial do Estado de São Paulo

Introdução

Se tivesse que definir Mauro Alice numa frase, diria que ele é antes de tudo uma pessoa generosa. Isso lhe permite ser, como disse, *um operário do filme*. Alguém que, através do seu ofício de montador, se põe à disposição da engrenagem do filme, para que o sentido da obra possa emergir. Num momento como o atual, em que a parafernália técnica e gosto pelo formalismo permitem e autorizam todo tipo de intromissão em muitos casos indevida na imagem, Mauro nos recorda da consciência ética e moral de um técnico-artista que quer, sim, deixar sua marca se isso significa ser competente o bastante para dar conta das questões que a obra apresenta, e não para deixar no filme apenas a sua assinatura.

Talvez isso estivesse já na sua formação, na Vera Cruz no início dos anos 50, mas vem de muito antes. É um traço de caráter que se manifesta na forma compreensiva como olha o passado, como percebe e perdoa aos pais os seus eventuais erros – afinal quem não os teve –, nas experiências de vida formadoras, como ter sido marginalizado na escola – ainda que de forma sutil em 1942 – quando o Brasil entra na guerra contra o Eixo e italianos e alemães, assim como seus filhos, sofrem constrangimentos que nossa história, sempre conciliadora, praticamente não registrou.

Mas isso se aplica também à sua preocupação em compreender as tensões inerentes ao seu trabalho, o que para o leitor é extremamente elucidativo, sobre os processos de criação cinematográfica, sobre essa matéria de que pouco se fala no Brasil que é a montagem, assim como os choques de concepção sobre como criar imagens de *caráter brasileiro*. Mauro Alice assistiu e protagonizou alguns desses embates que deram vida à desencontrada história da Companhia Cinematográfica Vera Cruz. Esses embates permitem ampliar a visão sobre esse período central na vida de Mauro e de outros artistas e técnicos, mas, sobretudo, do próprio cinema e da cultura que se desenvolveu em São Paulo e no Brasil naquele momento.

Assim, a vida de filho caçula numa família de imigrantes italianos em Curitiba a partir dos anos 1930, permite observar o papel do cinema como o divertimento mais importante da família, não só porque assim era para grande parte dos brasileiros das cidades – operários, imigrantes e classes médias – desde os anos 1920, mas, especialmente, para a família de Mauro, que tinha um tio dono de salas e distribuidor de filmes: Henrique Oliva.

Ainda que uma biografia nos faça buscar e quem sabe, moldar com forçadas de mão, nas origens o destino futuro que conhecemos, a verdade é que o cinema era central na vida de Mauro: ir às *matinées* com as irmãs e primos, folhear e ler *A Cena Muda*, a revista trazida para uma das irmãs por seu namorado, armar 'sessões de cinema' para a família projetando imagens em caixas de sapato constituem as lembranças mais antigas indicando que havia ali no menino curioso, fã incondicional de cinema, o montador que vingou mais tarde.

Mas havia mais do que isso. Pois se Mauro Alice, como muitíssimos de sua geração foram fãs de cinema, colecionadores de revistas, e tudo mais, ele acaba fazendo desse amor imaginário uma profissão praticamente inexistente no Brasil em 1950, quando começa a aprender e se torna um montador profissional, segundo os cânones europeus, pelas mãos de Oswald Hafenrichter, na Vera Cruz.

Talvez devêssemos lembrar ao leitor que a Vera Cruz foi uma tentativa de industriais paulistas de ascendência italiana de dotar São Paulo – e através de São Paulo o Brasil –, a partir de 1949, daquilo que julgavam uma competente indústria cinematográfica brasileira, algo que, até então, não existira no país, salvo algumas tentativas sem continuidade como a Cinédia de Adhemar Gonzaga ou a Brasil Vita Filmes de Carmem Santos no Rio de Janeiro e, mesmo assim, em moldes extremamente modestos se comparados às pretensões paulistas. Reunindo capitais privados, Franco Zampari procura forjar, apelando para a experiência do cineasta Alberto Cavalcanti, brasileiro trabalhando na Europa desde os anos 1920, o modelo dessa indústria que viria atualizar definitivamente a cultura nacional, no mesmo momento em que se instalava aqui um teatro em moldes internacionais como o Teatro Brasileiro de Comédia criado pelo mesmo Zampari um ano antes, uma Bienal de Arte, um Museu de Arte Moderna, todos em São Paulo, todos pensados e financiados pela mesma elite de industriais e cafeicultores, contando também com a iniciativa e as pressões do jornalista Assis Chateaubriand, responsável, em 1950, pelo surgimento da TV Tupi, a primeira emissora de televisão da América do Sul.

A partir desse momento de grande ebulição cultural e de vontade de inserção internacional, Franco Zampari procura reunir as formas de organização industrial, de produção e divulgação já consagradas nos Estados Unidos, como o estrelismo, por exemplo, à experiência de diferentes técnicos europeus, disponíveis pelos efeitos ainda devastadores do pós-guerra na Europa.

Ao reunir num mesmo espaço italianos, ingleses, húngaros, alemães, holandeses, Cavalcanti acreditava tornar possível aos técnicos brasileiros aprimorar seus conhecimentos, melhorando a qualidade da produção, o que era uma demanda desses profissionais naquele momento. Em muitos sentidos isso aconteceu, e Mauro Alice é certamente um bom exemplo de alguém que foi formado pela *escola* Vera Cruz, seus usos, novas exigências técnicas e aparelhamento. Mas essa reunião diversa buscava também impedir, segundo Cavalcanti, que uma nacionalidade ou estilo prevalecesse, permitindo assim, no seu entender, que da Babel surgisse um estilo próprio. Se esse chegou a existir, veremos que despontam em algumas das características do trabalho de Mauro ao longo de sua carreira, nos diálogos que estabeleceu com seus diretores preferidos e nos traços que o seu trabalho deixou e vem deixando.

As experiências da Vera Cruz têm inúmeros significados e desdobramentos. Se a presença de estrangeiros parecia garantir a aura e o *glamour*, no cotidiano transparecem os problemas postos pela guerra e pelo pós-guerra. Descrevendo o comportamento desmesurado de um técnico ou o convívio com outro, em geral ex-prisioneiros de guerra, Mauro nos conduz a imaginar o encontro e o desencontro de traumas e expectativas que esses homens também trouxeram para a Vera Cruz, junto com seus conhecimentos e competências e o olhar sobre o cinema que lhes era próprio.

Essas experiências que evoca dão bem o tom e o tempero do início dos anos 1950, momento marcado pela efervescência, pela esperança, redentora nas artes e na cultura, pelo internacionalismo e progresso que os Estados Unidos procuravam vender através das artes, como lembram Francisco Alembert e Poliana. Se a imagem que a Vera Cruz tentou criar de si liga-se a esses ícones formadores do início dos anos 1950, parecia em São Paulo que o cinema se inventava no Brasil. Era como se as antigas experiências, os antigos profissionais não tivessem existido, nem tivessem deixado herança.

Por outro lado, foi justamente em torno do carisma de portador da *verdadeira* cultura, arte e técnica cinematográfica que se ancorou o fetiche do projeto e da ilusão Vera Cruz, fabricada meticulosa e repetidamente pelos jornais, revistas, rádios e pelo próprio cinema nos cinejornais. E foi atrás deles que o jovem Mauro Alice, destinado a trabalhar como químico na Rhodia em Santo André, vindo de Curitiba, mudou a sua rota para São Bernardo e transformou o que era reino da fantasia em uma profissão que sequer intuía ser capaz de levar adiante.

Formado pelo alemão Oswald Hafenrichter, montador consagrado, em meio a choques de concepções artísticas, choques entre o que este concebia como a melhor forma de narração e montagem e, em oposição a isso, as tentativas de criação de um estilo ou expressão nacional, Mauro tenta entender e desemaranhar esse conflito. Um conflito que, na verdade, o afeta ainda hoje, quase que com a mesma intensidade do momento em que ocorreu, posto que vem sendo reproduzido em textos, análises históricas e depoimentos de contemporâneos. Entretanto, essa dualidade persistirá nas oposições com o Cinema Novo, nas visões que esses tinham sobre os trabalhos de Rubem Biáfora ou Walter Hugo Khouri, com quem, justamente Mauro Alice tem maior afinidade.

É a experiência da Vera Cruz que o habilita a trabalhar no Rio, nos filmes de Watson Macedo a partir de 1956, quando é procurado para melhorar a montagem desses filmes, período que vê ora com ternura, ora de maneira muito crítica, justamente porque estava nos antípodas dos ideais nos quais se formou, e, sobretudo, porque Watson Macedo e José Carlos Burle ironizavam os fracassos da grande companhia, apontando o seu sucesso de público como a demonstração de que o seu modelo era o bom cinema para o país. Mas a passagem por um outro tipo de produção mais modesta, e de apelo popular, já ensaiada nos filmes de Abílio Pereira de Almeida, certamente facilita o trabalho posterior com Mazzaropi, outro parceiro constante, outro desdobramento da mesma Vera Cruz.

Entretanto, a simpatia pelo aspecto popular não é suficiente para que releve aquilo que os cariocas reputavam, justamente, como as razões de seu sucesso: a ascendência do teatro de revista, os exageros de atuação caricatural, espetáculo que emana antes do palco e não da tela. Isso estava no sentido oposto do que vira na Vera Cruz e que encontrará também em Walter Hugo Khouri, em Rubem Biáfora, em Anselmo Duarte, em Lima Barreto e até mesmo em Mazzaropi, todos de uma forma ou de outra referenciados à Vera Cruz, seu sistema de produção, suas exigências narrativas e de atuação.

Desta forma, é plenamente compreensível o seu sofrimento e desagrado em trabalhar no que foi a produção da Boca do Lixo, em São Paulo nos anos 1970, onde havia a preponderância da chamada pornochanchada, cuja concepção narrativa, enredo, atuação, cenografia e demais recursos estavam no sentido oposto do seu ideal estético. De forma diferente, mas a igual distância, estão os filmes do Cinema Novo, cuja estética realista, engajada, crítica à burguesia e à cultura nacional consagrada, se funda justamente rejeitando o caráter imitativo de padrões europeus e americanos que viam na Vera Cruz e no cinema feito em São Paulo por pessoas como Biáfora e Khouri, a cuja aspiração internacionalizante se opõem.

Mauro trabalhou ainda com diretores significativos, como Denoy de Oliveira, e segue trabalhando com gente tão diferente como José Zaragoza ou Sérgio Bianchi, mas é certamente Hector Babenco o outro diretor em cujos filmes sua contribuição foi marcante. Não só pelo que trouxe de positivo, mas até mesmo por pontuar em um deles, os limites daquilo que julga aceitável na criação artística.

Se a fase inicial foi de descoberta, invenção e por vezes até de encantamento e grande emoção, há na maturidade um desencanto não com a profissão, mas com os rumos do cinema e as novas formas de edição e finalização, que tendem a falsear, obscurecer, com efeitos de rebuscamento, os princípios e o pensamento que orientam a montagem.

Com isso, a trajetória de Mauro Alice testemunha uma forma profunda e amplamente compreensiva de se relacionar com o cinema entendido e sentido como arte e crítica, e rejeita a sua transformação em mídia. O cinema se desfaz como obra de arte, para se tornar apenas um produto de mercado.

Seus mais de 50 anos de atividade permitem conhecer as dificuldades das carreiras técnicas em cinema e especialmente no cinema brasileiro, o papel fundamental do montador na criação cinematográfica e a diluição, uma relação mais *sagrada* ou cerimoniosa com as imagens que só alguém sensível e desprendido pode fazer sentir em toda a sua intensidade e significação.

Capítulo I

O que É Montagem?

Quando eu penso numa definição para a montagem de filme, me vem sempre uma recordação infantil que, depois que comecei a fazer cinema, o pessoal de casa me contou: eu tinha o hábito de representar histórias. Com as mãos eu fazia um trem que vinha correndo de um lado – e eu resfolegava tipo trem. Do outro lado, com a outra mão, eu fazia que vinha outro trem correndo com o resfolegar igual. A seguir, eu repetia o primeiro, mas acrescentava uma bufada a mais para dizer que estava mais perto; então, eu repetia o segundo, ainda mais *perto*, e daí, antes de se baterem, eu abria bem a boca como se fosse um passageiro ou o maquinista e soltava um grande berro, como nos filmes, *Aaaaaiiiiii!* e embaralhava as mãos num pavoroso desastre. Eu devo ter visto isso no cinema! Minha irmã Ziza me contou também que eu inventava esse desastre com as mãos deslizando nos pés da cama quando um de casa estivesse adoentado, para eu fazer melhorarem se pensassem que tinham ido ao cinema. Pois ir ao cinema era sempre aquela alegria que-nem-sei.

Só depois, quando fui aprender que montagem é compor imagens a partir de outras, é grudar, é colocar um pedaço depois do outro, eu entendi o sentido dessa lembrança. Mesmo no computador, está aí na composição, a mecânica, a ciência e o conceito da montagem.

Para mim, essa é uma grande definição, só que se podem colar dois pedaços de filme e não sair montagem nenhuma. Vale, sim, mas quando meditado, organizado, ou senão com um grande acaso que pode resultar numa coisa interessante, que a gente junta com outros elementos do próprio cinema como som, trucagens, manipulações da imagem. Aquele é o ponto básico. Juntar duas ou mais imagens manipuladas ou não, preparadas para isso ou não, que formam uma terceira, aquela que se quer. É uma série de operações que redundam no filme, qualquer que seja o destino dele – espetáculo, didático e outros.

Eu me lembro de uma história que o montador João Ramiro Melo me contou: na cena central de *Deus e o Diabo na Terra do Sol*, aquela com o Othon Bastos pulando em cima de uma pedra como um samurai, o Rafaelzinho (Rafael Justo Valverde) não conseguia dar forma satisfatória para a montagem. Então o Glauber pediu que ele colasse todos os pedaços amontoados no cesto de material não usado.

Quando foram ver na moviola para selecionar algum material aproveitável, Glauber gritava exultante: *Que maravilha, era isso o que eu queria, era isso que eu queria!!!* Por outro lado, foi por causa disso que, segundo Waldemar Lima, o diretor de fotografia, o filme ficou fora de sincronismo. Como eles não haviam gravado as falas na hora, não sabiam o que o personagem falava. Como não seguiam o diálogo escrito no roteiro, pois pegaram aleatoriamente as imagens, preocupados com a posição de câmera, expressões, o sincronismo foi pra cucuia. É daquelas coisas em que o improviso dá certo! É isso que está na engrenagem do que eu acho que é montagem. Lamentável, neste exemplo, é apenas que, se aquela montagem fosse criada, pensada, a cena não teria o tal certo quê de indigência de um cinema por demais velho.

Um outro exemplo: ministrando um curso na Cinemateca Guido Viaro, de Curitiba, montei um filme com os alunos para mostrar na prática como é o processo. Peguei filmes de doação que a Cinemateca recebia – cópias de cinejornais italianos em preto e branco, sem interesse atual. Eu pedi um monte deles e ficamos vendo. Havia notícias de escolas da Iugoslávia, terremotos na Sicília, início das aulas, esportes, eleições e notícias do governo, enfim: jornais.

Vamos fazer um filme? eu propus. *Vocês colam imagens e vamos ver o que dá.*

Desse exercício começou a surgir uma coisa. E eu percebi que poderia enunciar regras de montagem que determinam encontros, e que eles podiam, diante daquele material, encontrar, mesmo sem conhecer, as regras de Kulechov, Eiseisntein:

Corrida de lancha no lago de Como: a assistência virava a cabeça para a esquerda, acompanhando as lanchas e depois virava para a direita, para ver outras..

Veja – chamei atenção para as cenas da assistência, destacadas da cenas de lanchas – *parece que eles olham para alguma coisa, para o que vocês grudarem depois.* Os alunos duvidaram. Havia cenas de um terremoto na Sicília, algumas de apelo sentimentalóide, como uma boneca esfacelada, uma bicicleta retorcida, sobre monturos de paredes destruídas. Então, a moça no lago de Como virava a cabeça e via a boneca do terremoto da Sicília. Foram se formando aí choques visuais. Um plano aberto cortado com seu detalhe dá esse choque. Você quer esse choque? Se não, então não ponha um plano que não seja tão aberto ou tão fechado, ou entremeie com alguma coisa. O exercício levou 2 dias. Projetamos o resultado para os guardas da sala que assistiram ao filme e viram lá uma história clara, com começo, meio e fim. Eles entenderam tudo, decifraram a charada: as cenas do terremoto incômodas de ver, seguidas de cenas da correria de funcionários em enorme repartição na contagem de votos numa eleição presidencial italiana, foram interpretadas como um escritório de ajuda às vítimas. As cenas de caminhões de transporte pesado na sinalização da Strada del Sole ficaram sendo o transporte daqueles socorros; um grupo de habitantes reunidos entre escombros do terremoto se transformara em grupos da população que aguardavam a distribuição; cenas de equipamento recém-inaugurado em hospital público era a aplicação dos socorros. Assim por diante, até que as crianças passaram a freqüentar a escola, esportistas competiam nas águas do lago, tudo o mais regido pela força de suplantar as agruras irrevogáveis. Os guardas contaram a história toda para nós, para nós, que a havíamos criado e não estava nem nos fotogramas e muito menos na moviola.

Neste caso, você tem uma montagem que é cinematográfica, que tem apelo humano e talvez até uma elaboração artística com um laivo de poesia, com elementos que a gente imaginou que fossem uma verdade que não servia a um espetáculo comercial, mas que lá estava completa, viva.

Imagem é um processo riquíssimo de reconhecimento das realidades. O pintor quando pinta está fazendo montagem. É o mesmo que compor vitrais como se fazia nas igrejas, na Idade Média. Era lá que se contava visualmente a vida dos santos, de baixo para cima, desde a base até o ponto mais alto, quando o personagem atingia a santidade. A montagem é um pouco isso. O cinema se valeu desses recursos desde o momento famoso em que os irmãos Lumière estavam filmando a chegada de um trem e o negativo arrebentou; os próprios Lumière, ao colarem a cena do trem chegando e ligando-a com o resto da cena em outro ponto mais adiantado, descobriram que podiam continuá-la, criando sentido pelo choque no tempo.

A montagem para mim é profissão, ganha-pão e maneira de viver. Tudo que eu vivencio, em experimentos sensoriais, canalizo para um dia montar. São fatos guardados na memória. É como encontrar a sublimidade do exercício poético da arte. Ainda que fazendo um *trailer*, procuro mostrar qualidades positivas no visual ou na conceituação do filme, e me satisfaz quando encontro um segundo sentido que faz também do *trailer*, que é uma peça de propaganda, ser também educativo. É nesse encontro que o filme se torna meu. Um sentido, que é o específico da montagem, mas que sou eu quem dá.

Roteiro de um Filme a Partir das Experiências Cinematográficas

Isso me evoca a história de uma amiga: quando criança, indo assistir um filme, o pai preveniu: *Não se assuste, numa cena um homem vai dar um tiro e além de ver, a gente ouve o tiro*. Ela me perguntou se o filme se chamava *Ramona* ou se o título era *A Revanche*.

Eu achei aquilo tão curioso que escrevi uma crônica com aquela cena, tentando recuperar a experiência de alguém que pela primeira vez na vida ouviu um tiro na cena de uma fita, reproduzido em disco. E o filme era mesmo *Ramona*, com Dolores Del Rio, filme que ficou famoso, com uma música que a minha irmã cantou a vida toda. Fiquei pensando na impressão da menina ao ouvir aquele primeiro tiro no cinema, um som que, na verdade, devia ser até bem ruinzinho. Daí eu me lembrei de quando eu fui assistir a *O Manto Sagrado*, o primeiro filme estereofônico (talvez o segundo, já que o primeiro foi *Fantasia* do Disney, mas o sistema tinha outro nome, *Fantasound*, se não me engano) e sentei no meio da sala, sem saber que debaixo do alto-falante que reproduzia o som que vem dos altos. No filme, quando Jesus morre, se ouvia o trovão, tal e qual o relato bíblico. Eu estava triste, concentrado naquela imagem do Cristo morrendo, quando veio um som gigantesco bem em cima de mim. Dei um pulo na cadeira! Eu ainda me lembro do espaço entre a cadeira e o meu corpo, o meu pulo! Foi uma experiência! A partir da lembrança, dessas sensações inesquecíveis, criei a crônica, que comenta as tecnologias e as emoções, sugerindo que nem sempre as tecnologias são artísticas no sentido verdadeiro da palavra, mas tão somente sensacionais como aquele trovão e como o tiro de *Ramona* também!

Quando reli a história da minha amiga, vi que cada parágrafo era um plano de filmagem. Então dividi em seqüências e esse é o roteiro do curta que eu quero filmar, estou esperando financiamento há 4 anos. Chama-se *Ramona ou A Revanche* porque na crônica que eu fiz o mocinho do filme, quando assiste pela primeira vez um filme estereofônico, com a história da Paixão de Cristo, também pula com o som do trovão bíblico. Quando vai caminhando numa avenida, um assaltante dá um tiro nele. É tudo filmado em câmera lenta e em paralelo a tia dele dramatiza a sua confusão e diz:

Mas é A Revanche, é A Revanche! A confusão dela sugere a mesma perturbação do moço que se torna marginal e assassino.

Essa minha elucubração é a minha montagem para um filme que pretendo fazer e queria que a Cristina Amaral montasse.

A Montagem no Brasil Antes da Moviola

Antigamente, eram os próprios diretores que montavam: o Humberto Mauro, o Watson Macedo. Em 1955 eu o vi montando uma cena de dança de *rock*, filmado com velocidade alterada. Ele montava na mão, olhando os quadrinhos, um por um, sentado na cadeira de balanço em um ritmo de música que só ele ouvia. Marcava o ponto de corte dobrando a película. Tinha sido uma surpresa para ele o meu lápis dermatográfico de escrever um superfícies lisas, isto é, celulóide. Pelo que me disseram, apenas em torno de 1930, com a Cinédia, é que apareceu uma moviola no Brasil. Antes disso era tudo na mão. Mas a verdade é que mesmo em *Mulher*, de 1932, feito na Cinédia, pela observação das imagens em projeção recente, eu não acredito que já usassem a moviola. O filme tem um certo rigor de quadros, é complexo, mas a duração dos planos é muito variável e não corresponde às complexidades que o filme aborda. De repente aparece um anjinho bem curtinho, seguido pelo homem que canta, bem demorado, coisas assim, desequilibradas, que são muito estranhas. Se eles vissem na moviola, eles saberiam que está muito demorado, que não é suficiente para a pessoa integrar aquela estátua de anjo de cemitério (ou seja, imagem) ao restante, o que vem depois, em decorrência do conjunto anterior. Eles saberiam que o tempo de duração na tela não é aquilo que está lá. Em filme não adianta mostrar o personagem caminhar daqui até o armário; o tempo cinematográfico – ou seja, o tempo que a pessoa vai daqui até lá – pode ser falseado quando o interesse não é a locomoção, mas o fato de o personagem ter-se afastado. A personagem queria chegar lá. O interesse é levar o espectador a essa conclusão. E o cinema falseia, porque é ele que determina a geografia do lugar. As distâncias são estabelecidas pela câmera, pela enquadração para depois apressar ou não o ritmo com as tensões emocionais, sentimentais, cômicas, que ainda rendem, mesmo que o ritmo seja falso.

Esse tipo de domínio do tempo eu não notei em *Mulher* e não notava também em outros filmes mudos brasileiros. Em *Limite* a falta de ritmo queria conquistar um peso exorbitante. Então o espectador sofre a exorbitância do peso. Quando acaba o filme estamos até aqui de ver mar batendo, mulher andando a quadra inteira... É exorbitante. Há ali uma maneira muito equivocada de comunicar a coisa certa, que era a experiên-

Sala de montagem com moviola vertical. A situação da foto reproduz a organização da sala de montagem da Vera Cruz, onde Mauro Alice trabalhou por vários anos

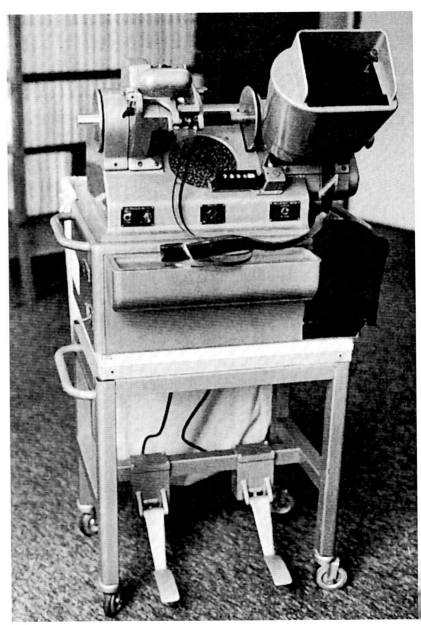
Detalhe da moviola vertical

cia da lentidão. O ritmo lento em todas as artes é sempre o mais difícil, mais problemático para encontrar, mais perigoso para se comunicar.

Outro que montava na mão eu o vi no laboratório da Líder no Rio, em 1955, quando eu trabalhava com o Watson Macedo. Era um homem muito alto, gordo. O corpo lembrava Francisco Mignone, um avental comprido, com luvas. Era um montador emérito, e ele montava os filmes, imagine, no negativo, pois não tinha o copião, porque saía muito caro. A cada corte ele usava a saída da claquete como cortina. Como eu tenho o olho educado, nesse e em outros filmes é possível eu perceber que a cortina é a claquete. Ele usava qualquer coisa que passava na frente como cortina para fazer o corte.

O Lima Barreto também montava na mão, mas ele media. Não era falta de moviola, era a prática dele de cinejornal, a partir do que a gente chamava montagem de nariz: com o braço esticado na horizontal segurando a película, mede a distância da mão à ponta do nariz, o que dá um metro, igual a 3 pés, que significa 2 segundos – e como a coisa mais harmônica para entender um *take* de cinejornal (alguém cortar a fita de uma inauguração, ou um homem discursando), a medida ideal é 2 segundos, essa medida do nariz e seus múltiplos

Detalhe dos utenvsílios necessários à montagem com moviola vertical

cria facilmente um ritmo sincopado, que serve de base para montagens de exposição simples, como reportagens sobre eventos. Eu montei em negativo cinejornais em Curitiba, com montagem de nariz, mas eu já era experiente e escolei os cinegrafistas que fotografassem detalhes e planos mais abertos. Eles penduravam os pedacinhos, cenas, na ordem cronológica, conforme tinham acontecido. A película é fabricada e revelada no laboratório com uma numeração do comprimento na medida em pés, que nunca se repete, mesmo em fábricas diferentes. De pé em pé um número crescente, um pé e meio é 24 quadros, 1 segundo. Assim, eu tinha o tempo de projeção. O nariz servia para que eu medisse o que precisava. Nesse processo, eu sequer interferia na imagem, me guiando pelo cinegrafista que me prevenia de algum problema. Eu trabalhei em cinejornais em Curitiba duas vezes, nas décadas de 1960 e 1970. Foi quando também fiz um documentário sobre tratamento de água que ficou muito bonito. Quem escolou os operadores daquela produtora foi o mestre Georg Eugen Pfister (o querido *seu* Jorge), por sua vez discípulo de Rudolph Icsey, o que me garantia um mínimo de estética fotográfica, que se moldava bem com *takes* de paisagem paranaense.

O espaço do montador e a vontade de dirigir

Quando Haffenrichter, depois da sua volta à Europa, em 1956, me escreveu amargurado com o que estava ocorrendo com os montadores que perdiam a sua autonomia, ele me recomendou: *Mauro, saia da sala de montagem.*

E eu vejo que, se eu não ampliar a minha atividade, vou estar, logicamente, debaixo de um montão de escombros meus, daquilo que eu fiz. Tenho que ampliar a minha atividade dentro desse ramo. Eu dirigiria, montaria o que eu dirigi. A única ampliação que o cinema me permite é ser autor, responsável pelo produto final. É isso o que eu queria abraçar, pois a montagem flui cada vez mais do olhar friamente amoroso que os montadores têm, por ser um segundo olhar que não o do diretor.

Cada vez se acentua mais a idéia de que o montador é um executante. Mas as pressões que reduzem a participação e esmigalham o orgulho profissional do montador são pressões históricas ditadas pela própria renovação tecnológica. A gente é uma máquina, as salas de montagem hoje são muito pequenas, por vezes cubículos sem privacidade que sustente a criatividade. A rapidez do montador não é valorizada pela presteza, mas porque ele tem que fazer outro serviço, quanto mais rápido for o montador, mais ele é valorizado. Ele não descansa, não pode refletir sobre o seu próprio trabalho. Isso não é uma facilidade. Comercial é um bombardeio. As pressões são muito fortes, e os efeitos nocivos também. Assim, eu tinha vontade de ampliar a minha atividade.

Dirigi curtas no Paraná. Quando eu trabalhava na Nova Filmes em 1970-80, o diretor-presidente (Cláudio Meyer) ofereceu a possibilidade de fazer filmes com restos de negativo da produtora, valendo-se da maré baixa de trabalho entre o Natal e o Carnaval. Eu tinha um roteiro feito a partir de um poema da Rosa Pessoa (neta de João Pessoa) sobre a pintora naïve Euridyce Bressane e seus trabalhos. O filme é sobre a passagem do tempo, apresenta uma mulher idosa que pinta aquilo que lembra. Como eu poderia fazer a passagem do tempo numa situação como essa?

No Rio, eu tinha visto aquela praça muito linda, a Praça da República. Havia lá uma árvore que forma famílias. Os galhos vão se *casando* uns com outros, as lianas pendem até o chão e formam *filhotes*. Então, eu fiz as comparações dos eventos que ela retratava – eventos familiares mencionados no poema – com as árvores. Ficou um filme bonito de ver, mas um pouquinho aborrecedor. Não estava bem montado. Eu não tinha a inspiração da montagem, por que eu não tinha quem me inspirasse a montagem, como antes, com o Haffenrichter ou o Khouri. Eu não sabia montar, ou melhor, não acertava a montagem. O autor inibiu o montador.

Ao contrário disso, a encomenda é um grande estímulo de acertar,de entrar no mundo dos outros. É muito fascinante. Mas, se você está sempre trabalhando sob encomenda você tem que encontrar a palavra, o signo. A montagem é o resultado da observação aguda e feroz do material. Precisa tanta atenção para perceber o que o material diz... Eu tenho que criar e memorizar os cortes posteriores, que eu não fiz ainda, mas tenho que saber o que vem depois. Agora, a concepção da montagem varia muito. Por vezes, muda de diretor para diretor, de cena para cena, e ao mesmo tempo a montagem não tem saída, é aquilo mesmo. Eu fiz a pré-montagem de *A Hora da Estrela*, da Suzana Amaral, com ela ao meu lado. O material tinha uma mecânica, era o mesmo que ler o roteiro. Ele/ela/ele/ela, pergunta/resposta/pergunta/resposta. Decupagem próxima das pessoas falando. Assim, a montagem era aquilo mesmo, já estava dada. Costumo dizer que *A Hora da Estrela* é o único roteiro inteligente e calculado que já tive nas mãos. Para ele inventei, a partir do núcleo miserando da Macabéia, uma espécie de ritmo que apelidei de *rag time* – dá para dizer tempo rasgado, esfarrapado, trapo – de tocante resultado nas cenas de Macabéia com outras pessoas mais comuns. Não dá para ver, porque no corte final foi preferida uma montagem mais ajustada, mais direta, por não se dizer mais clara. Tentei usar o recurso em *Besame Mucho*, do Francisco Ramalho, para aproveitar melhor o tragi-cômico da Torloni em contraposição à vivacidade de Giulia Gam ou à comedida Glória Pires, mas não resultou tão bem porque ali o diálogo come tudo e na hora de capar o diretor me mandava tirar justamente os tropeços básicos do meu recurso, que lhe parecia foros de gratuidade.

Um corte sempre determina uma ênfase. É sempre enfático como uma faca, mas também pode significar sublinhar alguma coisa. Por exemplo: num plano geral, 3 pessoas estão sentadas a uma mesa redonda. Um homem diz para o outro que está quase de costas para a câmera. *Nós temos que ter uma postura mais positiva*, e continua falando. Eu não queria que a frase toda fosse no plano geral e nem no plano próximo do homem que fala, porque senão o homem ficava falando sozinho, parecia meio biruta. Assim, escolhi cortar para pontuar: *nós temos que ter uma postura mais...* – corta para o plano aproximado, para salientar a conclusão do pensamento dele – *positiva*. Mas por que, no meio da frase, não se corta? Se eu cortasse daria tudo o que precisava de um ator que não estava dando ênfase, porque não precisava ser enfático. Mas a cena, sim, precisava ser enfática. O negócio era mostrar que ele tinha um poder enfático, positivo . O corte enfatizou o que a interpretação não tinha enfatizado. Assim, através da montagem, eu estava criando um clima, acrescentando um sentido.

O corte sempre determina ênfase, é uma modificação, é um fenômeno cinematográfico, é ruptura naquilo que estava acontecendo.

Os cantores de peças eruditas fazem o mesmo, a partir da respiração e es fazem também a sua pontuação e são efeitos lindíssimos com a intensidade de voz. É o que eu chamo de ênfase.

Em *Ravina* eu propus ao Biáfora um corte que contrariava á tudo o que eu tinha aprendido. No filme, há um momento em que Ravina, que se banhava num lago, escutava um barulho de alguém na margem. Assustada, ela mergulha o e, quando sai, dá uma cuspida para tirar a água da boca – bem inconveniente para a atriz.

Aí eu sugeri ao Biáfora uma coisa que seria incorreta, relacionada com aquilo que tanto eu como ele conhecíamos do cinema, já que ele tinha feito um plano aberto, um plano mais próximo e outro fechado. Ao contrário disso, eu cortei do plano bem aberto para o plano bem fechado quando ela reage ao escutar o barulho que para ela era assustador. Esse corte criou um choque e a reação do susto dela ficou muito mais desagradável, porém mais bonito, intenso, dramático. E o diretor, até que enfim, gostou.

Apesar dessa atenção que eu dou à montagem, a verdade é que, quando vou ao cinema, sou mesmo um espectador. Eu gosto de filmes, essa é a verdade.

A Montagem na Atualidade

Eu reconheço em montadores de hoje um empenho para fazer com que o filme tenha *o corte*, para que apareça *o corte*. E o corte não pode ser generalizado. Eu conheci um montador de documentários que marcava o tempo batendo, a intervalos iguais, com a caneta no braço da cadeira (um outro batia na mesa com o anel plantado no dedo médio) e ele se repetia com uniformidade, como uma música, sempre igual e independente do que a imagem mostrava ou necessitava. Como uma música, assim, marchinha, *fox-trot*, tango ou rumba, *hula-hula* e macumba, e até maracatu, independente do que está acontecendo. É tão premente e tão numeroso o corte no comercial e no documentário que esses montadores, quando passam para o filme narrativo – curta ou longa – levam esse mesmo vício. Eu sou decrépito, por que eu não monto o filme como se fosse uma marchinha cadenciada. Na TV-Cultura tive um assistente de neuras mil que quando montava a cena ficava tão cadenciada que parecia que marchava com o passo de ganso do exército de Hitler. É o que chamo (para mim mesmo) de montagem nazista. Um outro faz sempre, e irrevogavelmente, o corte no tempo forte do compasso da musiúncula. Chamam de montagem na música; mas eu chamo montagem dançadinha.. Como se por acaso a imagem dançasse... Ele não entende que a imagem não dança no monitor, mas cruza os braços, solta a boca em tromba, encosta uma sobrancelha na outra de tão franzidas, e não muda, nem que o Cliente peça. Ele não muda. É outra forma de nazismo, de ditadura.

Noto também que a maioria busca sonorizar o corte, para que seja notado e, assim, notável. É um tal de *corta no clic – no tok, corta* – eles sempre cortam no pum.

Eu sou contra o padrão de corte quando o personagem na cena faz a menção de sair de quadro, *nem bem sai, já corta*. Com isso nunca ninguém sai, nunca ninguém parte, ninguém abandona o lugar; ou um pouquinho antes de entrar em quadro ou começar a ação principal. É odioso esse nunca e esse sempre do uso do efeito, tão precioso quando, por vezes, não saem, nem chegam.

Eu percebi que, para os novos montadores, tudo começa ao mesmo tempo: a imagem no corte, a música, o ruído, o diálogo, Eles acham que é assim. Mas eu notei muitas vezes que quando corta e o público vê e depois de um tempo entra a música que comenta uma determinada situação – de animosidade, por exemplo – é mais efetivo. A música funciona mais, e não é tão reiterante, o personagem não reage com música, ao contrário, a música faz um comentário subreptício da situação. Mas se eu faço sempre como eles, a música entrando sempre no corte, eu não tenho o enriquecimento da variação. Para eles, há o devorador fantasma dos buracos. Para esses neófitos, há-que preencher todos os buracos, não deixar nenhum buraco. Que pena, quanto engano. O filme é um ser que necessita de buracos, onde ocorrer os descansos para tomar fôlego, os respiros, já que o todo existente é cheio de espaços. Não menciono os buracos interplanetários, Nem dos espaços intermoleculares, muito menos dos espaços onde os átomos se agitam. Esses dificilmente oferecem uma idéia visual. Falo das fossas nasais, que respiram e renovam. Da boca, que alimenta, fala e suspira, do auricular, que escuta e equilibra. E outros, em que transitam o sangue, o suor; o sêmen e a lágrima. Falo dos espaços que nos superam o limite do corpo com as articulações, a maravilha dos movimentos e do trânsito das idéias. Pois montar é doar a um rolo de celulóide, plástico engomado e ressecado, todos os atributos de um ser vivo e atuante, que nos regozija , ao reconhecê-lo como tal, por reconhecê-lo como igual.

Nas outras Artes essas questões que eu disse aparecem claras e palpáveis, talvez por serem menos envolventes, ou diferentemente envolventes.

Em ópera, por exemplo, acontece muito isso, e eu comecei a transportar essa observação.

Mauro na moviola Prevost horizontal em Curitiba, 1975, montando comerciais

Foto do Casamento de Rosina e Ângelo Alice, 1916

Capítulo II

Leite e Ópera

Éramos cinco. Eu,o último da *ninhada*, como dizia o meu pai. Ele, Angelo Maria Alice, dizia também que eu era bala perdida. Fiquei com essa expressão grudada, escondida na minha cabeça durante muito tempo, porque eu me achava muito desprezado. Só depois de velho é que eu entendi, sorri e perdoei.

Eu fui amamentado com leite materno e ópera. Meu pai era italiano da montanha, de uma aldeia chamada Acri, na Calábria. Ele gostava de cantar. A voz dele era firme, bem timbrada, no registro de tenor lírico. Cantava cançonetas, pedaços de ópera. Nunca consegui saber, nem imaginar, de onde será que ele tinha aprendido ópera. Acho que existe algo de atávico, influenciado pelo ambiente da sua juventude em São Paulo. Ele cantava, também, grandes êxitos da canção brasileira de São Paulo no início do século XX, como aquela de *Vamo, Maruca, vamo...*, e às vezes, nos *recitais dominicais* debaixo da parreira, surgiam coisas exóticas com partes em português, partes em língua africana, que ele dizia ter aprendido quando aprendiz de sapateiro com outro aprendiz, que tinha sido escravo.

Ele tinha a mão mágica para fazer enxertos, talvez herança da família, que na Itália trabalhava com lavoura e pastoreio. O meu avô morreu muito cedo, deixando a esposa, Maria Michellina Romano Alice, com muitos filhos. Daí, ganhar a vida era muito difícil e foi preciso emigrar, assim foi o irmão mais velho do meu pai, Francesco Alice, quem veio na frente. Ele passou por Buenos Aires onde já havia parentes (pais do célebre pintor Antonio Alice), mas, quando a República do Brasil era ainda um regime muito novo, preferiu vir para São Paulo onde se instalou e chamou o restante da família, meu pai, que tinha então onze anos, os irmãos e minha avó. Como o meu tio Francesco (depois Francisco, depois, para nós, o titio Chico) já morava aqui, eles não tiveram que passar pela Hospedaria dos Imigrantes e foram trabalhar nas fábricas de São Paulo. Só bem depois, tiveram ofício. Mais tarde o tio Chico se casou e foi morar em Curitiba. Papai tinha entrado na Ramenzoni (fábrica de chapéus) no Cambuci. Ele já era operário com onze anos. Eles tinham que comer.

Minha mãe, Rosa Ana (Rosina) Oliva era da mesma província da Calábria, Cosenza. Ao contrário do meu pai, ela não era da montanha, mas do litoral, o que fazia uma diferença muito grande. A montanha, pobre e sem comércio significante;

e os seus habitantes eram os *cafoni*, certamente provincianos, ou caipiras, assim como nós víamos as pessoas do interior ou da zona rural aqui. E a família da minha mãe era mais bem situada economicamente. Mamãe se lembrava vagamente da mudança do século XIX para o XX e da passagem do cometa Halley.

Há anos estive por lá. As cidades são todas cheias de sobe e desce da montanha para o mar. Parecem presépios, aliás, são os presépios que parecem essas cidadezinhas... A cidade de minha mãe se chama Scalea, que justamente significa *escadaria*, pois as ruas de acesso ao centro da cidade na crista do monte são vielas estreitinhas em forma de escada: lembrança da necessidade de se defender de ataques, principalmente dos mouros.

Com 20 anos meu pai se enrabichou por uma mulher mais velha. Foi um escândalo. Um drama italiano!

Por causa da crise emocional do meu pai, o meu tio mais velho, que tinha todas as funções de pai, chamou-o para Curitiba. Ele conhecia o padrasto da minha mãe e promoveu o casamento dos dois.

A minha avó materna veio para o Brasil quando a minha mãe tinha 3 anos. A gente nunca chegou a entender se ela era viúva ou separada. E ela estava grávida de um menino que nasceu aqui, que é o meu tio Henrique. A gente nunca soube ao certo a situação, mas bem que gostaria de ter sabido. Cada história...

Para fazer a corte, meu pai visitava a minha mãe e levava um sobrinho. Enquanto ele conversava com o padrasto da minha mãe, ela, que era ainda uma menina, brincava com o primo que tinha a mesma idade!

O casamento, apesar de arranjado, deu muito certo, feliz como poucos. Se brigavam, nunca foi na nossa frente. Nunca se ouviu uma discussão. Mas quando o papai zangava ou reclamava, a mamãe era, pelo menos de início, muito submissa. Ao mesmo tempo, como ela tinha estudo – falava até francês – ela tinha ascendência sobre ele e os filhos, que deviam estudar. Mas ele mesmo não queria que se ensinasse nada a ele. Dizia que o que sabia era fazer sapato e já bastava. A duras penas mamãe ensinou-o a assinar o nome, mas ele não aprendeu a ler. Dizia que a vista já não dava mais...

Acho que eles só não tiveram uma vida confortável. Tudo que significasse *felicidade* ou fosse aceito como tal, eles traziam dentro de si.

Como anjinho de procissão, pagando promessa, 1927

Nos anos 1920, era costume na colônia distribuírem fascículos de histórias italianas. Como o papai não sabia ler, a mamãe lia para ele. Eram aventuras: uma moça era presa num convento, para que os irmãos pilhassem a parte dela na herança, mas um justiceiro libertava a moça. Acho que seria um pouco de Zorro, era um nobre que levava o nome da cidadezinha onde morava, na Calábria, Sanmauro – Filipe de Sanmauro. Meu pai se entusiasmava demais com as bravuras dessas novelas, e, quando nasci, queria por força me batizar como Samauro. Foi a custo de pedidos e lágrimas que do herói justiceiro sobrou apenas: Mauro. Quando fui de Scalea a Acri, durante uma parada do trenzinho, corri para a janela, queria ver o movimento da pequena estação. Aos primeiros movimentos de partida do trem, pude ler na placa o nome do lugar: Sanmauro. Existe. Também existe.

Ainda quando era pequeno, eu ouvia essas historias rocambolescas aqui e ali. E ouvia outras também, na oficina de sapateiro do papai, que era um verdadeiro comitê da colônia.

Ele fazia sapatos pesados, com couro bom, forrado. O sapato durava p'ra sempre. Eu o ajudava em coisas pequenas na sapataria e gostava muito disso e o observava em seu trabalho. Quando ficava pronto um sapato, ele colocava na palma da mão, que era muito grande, e olhava, olhava. Tinha um jeito de magia aquele gesto. Era uma obra de arte!! Minhas irmãs não gostavam muito dos sapatos que ele fazia porque eram muito rijos e pesados. O sapato durava tanto que, quando a gente crescia, ele acabava apertando, mas tinha que continuar a usar. Era o sapato de missa, e tinha também o de uniforme. Quando eu cresci, fiquei luxento e ele fazia uns sapatos com pesponto, bem bonitos.

Aqui em casa, há vários anos, encontrei o último sapato que ele fez para mim. Que grande, que boa surpresa: eu tinha o sapato da mais fina qualidade do mundo. Quando eu vim para São Paulo, ele ficou estragado, mas guardei só por causa do meu pai. Para eu me separar daquele sapato velho foi uma coisa lancinante. Eu contemporizei, e acho que eu dei, ou, como alguém diz, doei. Já não me servia mais.

Scena Muda

Quando eu era pequeno, recortava tirinhas das histórias em quadrinhos do jornal e passava entre dois cortes no fundo de uma caixa de sapato, como numa projeção, entrava por um corte e saía pelo outro, e dizia que estava fazendo cinema. Com retalhos eu alinhavei, bem mal, uma cortina que eu puxava, como eu tinha visto no Cine República, do meu tio Henrique (Ricco). A cortina abria e apareciam os reclames. E daí abria a tela. Eu fazia colagem com papéis que eu conseguia. Em um reclame eu decalcava uma mulher sentada com um vestido cheio de babados que formavam um relevo. Isso p'ra mim parecia de verdade por causa do volume. Era como um reclame. O desenho era muito bonito.

E daí eu contava uma história, um diálogo, alguma coisa assim, para uma audiência que ficava lá onde a mamãe passava a roupa, porque no dia que tinha *cinema do Mauro* as pessoas iam com uma cara aborrecida... Minha mãe, minhas irmãs sentadas, ou mamãe passando a roupa. Por vezes, eu apagava a luz e acendia uma vela atrás da *tela*. Eu brinquei muito disso. Nessa brincadeira, eu não montava. Eu era exibidor, diretor e intérprete, já que a historinha já vinha pronta nos quadrinhos do jornal.

No jornal, havia o Chico Fumaça, criado em Curitiba. Ele conversava com a esposa, mulher feia que era a Marcolina, com a empregada e a cachorrinha Violeta – se não me engano. Eu fazia o recorte e lia a piada desse Chico Fumaça. Eu dirigia e interpretava histórias em continuidade e algumas coisas daquela época existem até hoje.

Aniversário de 7 anos entre os amigos, abraçando duas meninas, 1932

Foto da família no aniversário, 1932

Foto com as irmãs Mercedes e Lenira, 1932

Eu também usava histórias que eu encontrava na revista *Scena Muda*. O noivo da minha irmã sempre trazia a revista pra ela e eu adorava ver as figuras, muitas vezes ela me deixava ficar vendo a revista.

Eu ia muito ao cinema do meu tio que ainda exibia filmes mudos, pois ele alugava, ou contratava, lotes da Distribuidora, que juntava fitas mudas encalhadas no país de origem por não terem viabilidade comercial. Ele passava também filmes sonoros, mas ainda bem primitivos. Dessa época me ficou a recordação dos intertítulos, e havia uma palavra que eu gostava muito: *entrementes*. Eu achava muito bonito dizer *entrementes*, porque eu nunca tinha ouvido ninguém dizer, eu só via escrito lá, na tela. A minha irmã gostava de *adrede*.

Seja como for, eu acho que isso não foi a gênese da minha profissão. Ou bem já era a minha profissão ou foi um acidente à parte. Às vezes parece que nada aconteceu entrementes, porque seguia um projeto adrede preparado.

Outro fato da influência ou simples manutenção da cultura italiana era a Società Doppo Lavoro, com a Escola Dante Alighieri. O meu irmão freqüentou aulas de italiano lá, e as famílias gostavam muito das encenações teatrais.

Um dos meus primos, Attilio, criou fama com as suas interpretações na Paixão e em *I Miracolli di Santo Antonio di Padova*.

O primeiro filme que vi foi na casa paroquial, eu ainda era de colo. Foi *Michel Strogoff*, um filme mudo de batalhas. Fiquei tonto de tanto ver aquelas coisas dançando e vomitei nas costas do homem da frente, um jovem amigo do meu irmão (que me segurava nos braços), um professor muito simpático, da família Smagnotto, o qual, anos mais tarde, sorria para mim se cruzássemos na rua.

Naquela época todo mundo ia muito a cinema e eu e a minha família íamos ao cinema do meu tio, onde a gente entrava de graça. Eu gostava de ir às quintas quando passavam dois dramas, ou uma comédia e um drama. Eu ia com bastante freqüência, e o programa mudava muito. Mas preferia as matinês de domingo, cheias de *farvestões* (os *westerns*) e seriados.

Acho que em 1930, quando eu tinha 5 anos, eu assisti *Aurora do Murnau*, com uma trilha musical expressionista, uma clarineta com dois temas para o casal, a Janet Gaynor e o George O'Brien. Na cena em que ele nada e corre pela margem gritando o nome dela, os meus primos e minha irmã riram muito.

R. Visconde de Guarapuava entre o Nunes Machado e 24 de Maio, em Curitiba, onde vivia a família Alice. Foto do irmão Fúlvio, anos 30

Eu, ao contrário, fiquei triste e chorei, e os meus primos me gozaram por um bom tempo: *Chorou no filme, chorão, chorão!*

Quando eu vim para São Paulo, depois de adulto, revi *Aurora* no Museu de Arte, e escrevi para cada um deles: *Seus burros, vocês não viram que a clarineta não podia ser voz de gente?*

Imagine a qualidade da aparelhagem de som do meu tio. O som da clarineta confundiu as crianças com um som fantasmagórico, e eu, menor, assustado, caí no choro!

Romance em Budapeste de 1933 durou muito nas crônicas familiares. De um diretor famoso, Rowland V. Lee, com Gene Raimond e Loretta Young, Os olhos azuis tão lindos da Loretta Young eram inesquecíveis. E a fotografia luminosa era *brilhosa*, fazia tudo ficar bonito. Pudera, era do Lee Garmes. Passava-se num Zoológico.

Um outro que me impressionou, eu era bem pequeno, foi *Os Três Mosqueteiros*. Foi o lançamento de filmes do John Wayne, se passava na Legião Estrangeira e o bandidão misterioso se chamava El Shaitan. Era um seriado.Tinha também o Ken Maynard e o John Mac Brown que foi galã da Greta Garbo em *Uma Mulher de Negócios*. Eu revi este filme em Nova York anos atrás, a restauração estava uma beleza, parecia que o filme tinha sido feito um mês antes.

Vi Tom Mix e os seriados Tom Mix e o seu amigo Rei, os filmes do John Wayne. O Uivar das Feras se passava na África, mas na época eu tinha dificuldade para pronunciar o uuuiivar, então todo mundo brincou comigo na família por muito tempo. E depois de grande eu descobri que o monstro do filme era ninguém menos do que Boris Karloff!!

Eu vi também o seriado *Flash Gordon no Planeta Mongo*. O mocinho, Flash, é Larry Buster Crabbe A mocinha, Dale, é Jean Rogers. O Imperador Ming é feito pelo famoso vilão Charles Middleton. Havia ainda a esquisita Princesa Azurra, interpretada por Priscila Lawson. Acho que acompanhei em 1937, só não pude ver o último capítulo por motivo de lembrado castigo por uma peraltice que, claro, esqueci qual foi. Estavam ali as façanhas interplanetárias, baseadas em HQ com desenhos de Alex Raymond, nos quais os cientistas da Nasa se inspiraram para configurar aparelhos, roupas e instrumentos para os vôos em foguetes. No Brasil, era publicado no *Suplemento Juvenil*, que os outros meninos às vezes me deixavam olhar.

Filme brasileiro eu não tenho recordação, mas eles eram tão poucos... Eu me lembro de *Bombonzinho*, um filme de tiradas verbais, frases soltas, mas eu não entendia as situações. Tinha também o célebre *Bonequinha de Seda* que eu aprendi a cantar a música. Este filme foi muito comentado em casa, porque o primo José, filho mais velho de titio Chico, era o alfaiate oficial de uma grande loja de moda masculina no Rio e foi responsável pelo guarda-roupa masculino do filme. Disseram até que o nome dele aparecia nos letreiros da apresentação – quem diria! Assisti o festejado *Alô*, com Francisco Alves e Carmen Miranda. Mas eu confundo os filmes da minha memória infantil com os filmes que vi depois no Museu de Arte Moderna no Rio de Janeiro, no período que trabalhei lá.

No *Alô Alô Carnaval*, Carmen Miranda a gente não só ouvia, e ela não era como as outras atrizes que eram muito pintadas, ou a Dircinha Batista, que era simpática mas gorducha e não cabia na fantasia. A Carmen Miranda parece que fazia gozação de si mesma. Ela não tinha o que fazer, e dançava sozinha abraçada em si diante da câmera. Punha a mão como se estivesse abraçando alguém. Ia e voltava, sorria, fazia caretinhas. Mas hoje eu sei, ela fazia tudo isso p'ra equipe. Ela fazia número de dança, dançava como se estivesse no salão até chegar a hora de cantar outra vez. E era um *take* só, não havia corte, edição ou simulação.

O primeiro terno feito pelo tio Chico Alice, 1940

Isso tudo eu assistia nos cinemas do tio Ricco. *Moleque Tião* eu não assisti, porque passou em *outro* cinema . *O Mágico de Oz* só vi mais tarde, pelo mesmo motivo, mas lembro que, no lançamento, só se falava nisso. Agora eu acho que naquele tempo, e até mais cedo, o cinema recebia uma preparação publicitária muito forte, que atingia de maneira direta o alvo de cada filme. Lembro tão bem de um carro alegórico para o filme *Ela, a Feiticeira*. Com figuras recortadas em tamanho natural, montaram um cenário que mostrava uma mulher muito esquisita, meio nua, no meio de labaredas vermelhas e amarelas, e a voz de um homem que anunciava, comparando com outro grande sucesso, *King Kong* (que foi feito pela mesma gente). Eu corri no meio da gurizada uma ou duas quadras atrás do caminhão, porque as sacudidas no macadame balançavam as figuras pintadas no papelão, em decepcionante animação.

Estas lembranças me surgiram mais recentemente, foi um terremoto, quando montei um filme do Mazzaropi, *Jecão, um Fofoqueiro no Céu*, porque na cena em bailado, que mostra a sua concepção cênica do Inferno, as imagens são idênticas ao visual daquele carro alegórico. Acho que a lembrança de um fato público não há de ser apenas minha nem só curitibana. Bem... Naquele filme do Mazzaropi a figura dos santos do Paraíso eram iguais aos santinhos que naquele tempo antigo vinham no sabonete Eucalol – e não só no figur no. Aquela propaganda do *Ela, A Feiticeira* atingia em especial o adolescente. Trabalhava com belo/feio, assustador/engraçado, desejado/punível.

Naquele Tempo... Naquele Filme...

Alem da maciça divulgação em revistas como a *Scena Muda*, o meu tio, em lugar do bombástico, costumava distribuir um livrinho minúsculo que continha a ficha técnica, o resumo do enredo e retratos dos artistas principais em papel *couché*. O livrinho tinha um cordão de seda para marcar a página onde a leitora parou. Era distribuído antes do filme, pessoas colecionavam, e era feito só para dramas de apelo feminino, ou familiar, que continham fundo moral com base em lei, fé, sentimentos. O filme que ficou mais falado e tinha aquele carnê que levou mais tempo para ser esquecido nos comentários lá em casa se chamava *Tudo contra Ela*. Eu nem vi o filme, mas lembro até o nome dele e da artista, Winnie Gibson. A publicidade atingia o privado, a família. Isto me leva a lembrar as discussões que meus primos jovens ou o meu irmão mantinham com o meu pai ou meus tios, sobre a rivalidade entre o cinema europeu (defendido pelos mais velhos, europeus, como se defende algo seu) e o americano, que atendia, já, aos anseios dos mais jovens. *O cinema europeu, para mostrar um homem que prega um prego* (parece que escuto o primo Affonso, o seu entusiasmo) *mostra de perto o martelo batendo na cabeça do prego, depois o prego entrando na madeira, o martelo batendo no prego um pouco mais fundo, o rosto do homem que prega, o martelo batendo no prego, o outro lado da madeira onde o prego começa a aparecer, o prego que se enfia mais, e vai assim até pregar tudo. No cinema americano, não! Duas-três marteladas e ele já vai adiante com tudo pregado*. Papai ficava só pensando. Este assunto durou muito tempo. Os filmes franceses eram aceitos pelos temas. Mas os jovens diziam que a tal superioridade era falsa, caçoavam da alta literatura, da alta pintura, da alta-cultura que os filmes aparentavam, mas nada tinha *naturalidade*, era só alta-costura, as artistas, mesmo no papel de camponesa que aparece trazendo uma vaca tem roupa e cara de quem saiu naquele instante do salão de beleza. Sempre ouvi repetirem baixinho que todas as atrizes francesas pareciam sempre *mulher que não presta*.

Em Curitiba a gente via muitos filmes alemães, conhecia os artistas tanto quanto os do cinema americano, especialmente os *filmes de montanha* e os de operetas filmadas, como *O Congresso se Diverte* ou *A Guerra das Valsas*, que além de tudo podíamos ouvir as valsas ao piano dos vizinhos alemães, amigos da família. Mais perto da guerra a distribuição de filmes europeus se tornou menor e pouco lucrativa, meu tio limitou a sua exibição a um cinema *poeira*, pequeno e reformado.

Meu tio visitava com freqüência a oficina de papai, e uma noite eu ouvi contar que uma comissão tinha vindo especialmente do Rio, avisando que, se ele não parasse de exibir os filmes germânicos, eles suspenderiam a distribuição dos filmes americanos, que eram a maioria. Ele não teve outra saída, vendeu aquele cinema para o sr. Groff, que, além de publicar a revista *A Illustração Paranaense*, fazia cinejornais locais e manteve o cinema enquanto pôde manter o contrato com a distribuidora, mas me doeu a frase do meu tio: *me encostaram na parede*. Eu já era mocinho, sabia da propaganda política embutida na maioria dos filmes alemães, não era tão ingênuo como quando bem criança e gostava de assistir matinê com a minha irmã mais moça porque ela não interrompia para me mandar fechar a boca ou limpar o nariz e me deixava perguntar baixinho. Lembro que uma vez a fita mostrava uma mocinha chinesa que na escola a imagem do rosto esquisito de repente aparecia misturada com a imagem de um edifício mostrado como se a gente olhasse desde o chão até o topo, depois um segundo prédio aparecia ao mesmo tempo, mas inclinado para o lado contrário. Eu perguntei baixinho: *Por que é que está tudo misturado?* Ela me respondeu assim: *Porque quer dizer que ela está pensando.*

Outra vez, quando apareceu a mesma mistura, mas com a cara de um homem dormindo, perguntei: *Como é que ele está pensando se está dormindo?* Ela só me respondeu: *Quer dizer que ele está sonhando.*

Outra vez era num filme alemão, acho que mudo, porque volta-e-meia aparecia muita escrita, até quando um passarinho cantava aparecia escrita de música, de notas. O moço louro de saia e cabelo comprido parecia menina, mas era um homem muito corajoso porque, quando um boneco de bicho demais de feio saiu do mato de pinheiros muito grossos, o moço avançou com um facão e matou o bicho com uma ferida enorme, de onde caiu uma cascatinha de água preta (tão preta como o batom da pintura de boca, o que queria dizer bem vermelha), e eu entendi que era o sangue e que o boneco era um bicho vivo e tinha sangue. O passarinho canta contente com a morte do bicho e de repente o moço começa a tirar a roupa toda. Aí toda a gente do cinema caiu na gargalhada e começou a rir porque ele se ajoelhou de costas para a assistência. Então eu perguntei: Por que é que eles estão rindo tanto? Mas ela não me respondeu, estava com a cabeça baixa e com a mão na testa. Parecia que estava se escondendo, então eu não perguntei mais nada, achei que riam porque estavam vendo o que sabiam que tinham e a gente mesmo não vê. E esqueci tudo Só fui ver o *Sigfried*, de Fritz Lang quando já se tornara um filme clássico e ninguém pode rir dele nem ocultar-se. Assim, entre a descoberta dos compassos rápido e lento, do que quer dizer o conteúdo, o sonho e o pensamento, das figuras onde surge a história – o fascínio do espetáculo da vida.

E o Cinema entranhou-se em mim.

Nesse mesmo momento, embora eu já freqüentasse o cinema sozinho, nos proibidos, eu não entrava não. E nesse setor, havia o famoso *Êxtase* com a Hedy Lamarr, dirigido por um húngaro, Gustav Machat. Ela tomava banho nua num lago. Como iam deixar os mocinhos entrar! Esse filme rodou telas como filme pornográfico. Havia mesmo a simulação de uma cópula. Acho que tinha uma sessão, às quintas-feiras, no cinema do meu tio, que passava esse filme Mas eu só fui vê-lo mesmo em São Paulo, muitos anos depois.

É mesmo um filme especial. Foi comentadíssimo. Quando o Khouri fez *Corpo Ardente*, foi um custo na montagem, evitar que parecesse menção ao *Êxtase*. A mocinha é filha do dono de um haras e a cópula eqüina mexe com o seu erotismo. Essa presença do cavalo no filme do Khouri, fotografado pelo húngaro Icsey, provocava todo aquele cuidado. Eu conhecia muito bem esse filme, que vi mil vezes e correria de novo se pudesse ver mais uma vez. O filme é sobre o instinto maternal, ou o amor. Ela é casada com um velho e se apaixona por um moço, com quem ela poderia procriar. O dilema dela era esse. Eu deveria ter visto isso quando eu era moço. Eu precisava daquelas informações, de conteúdo, de estética, quando jovem, mas que me ficou na cabeça.

Adolescente eu me lembro de ver filmes mexicanos com a turma do ginásio e do CPOR. A gente ia p'ra caçoar. Já com o Emílio Fernandes eu percebia que aquilo era cinema. *Enamorada* parecia filme russo sem ser russo.

Mas, voltando à minha infância, houve uma história que ficou célebre e que, mais uma vez na minha vida, se liga ao cinema.

A turma do CPOR. Mauro é o segundo de pé à esquerda, Curitiba 1946

Eu tinha 3 irmãs. Uma delas resolveu que íamos fazer uma festa surpresa no aniversário da minha mãe, na nossa casa. Para colocar esse plano em marcha, eu devia sair da escola e ir à casa da outra irmã para preveni-la. Só que, chegando lá, eu encontrei várias revistas *Cena Muda* e esqueci das horas. Quando, depois de muito tempo, voltei para casa, escurecia, eles estavam me esperando assustados, se dilacerando, pois a irmã organizadora da festa tinha ido preparar o bolo na casa de uma amiga. Daí o meu pai veio pra cima de mim com o cinto de couro nas minhas pernas nuas e eu corri pros braços minha mãe, que não me acolheu e me empurrou. Essa negação foi outra chibatada. Fiquei preso no quarto, a festa surpresa transcorreu silente. Com aquela confusão e sofrimento, estava todo mundo murcho.

Quando minha irmã era noiva, nos anos 30, eu, como o filho caçula, vigiava o namoro, e tinha que ficar na sala, entre eles. E, toda semana o noivo trazia pra ela as revistas *Cena Muda* ou *Eu Sei Tudo*, que eu gostava de olhar, mas quase sempre via a revistas a sós, porque ela era muito ciumenta, mesmo estudando ou bordando, ela vigiava o meu jeito de folhear, para que eu não maculasse a perenidade do presente do noivo. Eu não me importava, porque ela me contava muitas histórias que tinham figura, especialmente o enredo de

Mauro aos 21 anos, 1946

fita. Eu gostava muito de ver figura e de leitura. Era com muitas dessas figuras que eu fazia os meus filminhos. Mas, depois de um tempo de casado com a minha irmã, o marido dela já não comprava mais essas revistas que eu gostava tanto.

E tinha também um irmão, o Fúlvio José, que parecia o Walter Pidgeon, um tipão de verdade, com os olhos azuis da mamãe. O nome Fulvio é o do herói de um antiquíssimo romance italiano, *Fabíola*, sobre os primeiros cristãos. O segundo nome dele, José, é a forma portuguesa que no cartório encontraram para substituir o nome original que o *signor* Angelo Maria, papai, teimava em dar por ser o nome do seu pai, Giuseppe. Fulvio estudou Veterinária na Escola do Exército no Rio, que o então Ministro da Guerra, Gal. Eurico G. Dutra, fechou quando ele cursava o último ano. Através de uma amiga da mamãe, Dª Ruth Junqueira, que escreveu uma carta para o presidente Vargas, a classe do meu irmão pôde graduar-se pela Escola Nacional de Medicina Veterinária (Rio de Janeiro) e ele foi trabalhar em Salvador, como veterinário da Secretaria de Agricultura da Bahia, mediante concurso. Por designação do governo daquele Estado, realizou curso de Pós-graduação, na *Iowa State University*, em Ames, Iowa, Estados Unidos, que lhe conferiu o título de *Master of Science* (1942).

Na volta à Bahia, montou o Instituto Biológico da Bahia, em Ondina, na capital baiana, onde se estabeleceu e se tornou mais tarde Secretário da Agricultura. Ele fazia pesquisas para separar bacilos e vírus não filtrados e ganhou uma medalha de Honra ao Mérito do governo brasileiro pelos seus trabalhos com febre aftosa, separou o vírus não-filtrável da encefalite eqüina, também o da gripe e da brucelose. Trocava correspondência com o mundo científico, especialmente com os pesquisadores da Fundação Rockefeller. Recebeu honrarias, entre as quais se destaca a comenda de Honra ao Mérito (Brasília, 1972). Os trabalhos que publicou até hoje são mencionados em textos científicos, em especial sobre virologia, no mundo inteiro. Ele me enche de orgulho tal que faz parte da minha vida.

Quando eu terminei a escola técnica e devia começar a trabalhar, em 1949, ele arranjou um emprego para mim, lá também, na área de química. Mas antes de chegar a Salvador, tive que fazer um estágio na Rhodia, no ABC. Só que, antes de completar, eu escapei e fui a São Bernardo onde estava surgindo a tão falada Vera Cruz. Fiquei por lá mesmo e demorei quase um ano até contar aos meus em Curitiba e para o meu irmão, que não entendia por que eu não chegava a Salvador nem dava notícias.

Fúlvio José Alice, irmão mais velho, recebendo seu Master of Sciences da Iowa University, 1942

Fúlvio José Alice, irmão mais velho, secretário da Agricultura da Bahia, 1965

A Pátria que nos Acolheu

Mas nessa época, durante a guerra e o governo Vargas, me lembro também dos filmes do DIP, o Departamento de Imprensa e Propaganda, órgão responsável pela censura, controle da informação e pela produção do *Cinejornal Informativo*, dirigido até 1942 por Lourival Fontes. Eram muito exibidos, mas as pessoas não gozavam muito, não. Só mais tarde, quando se tornou muito ridículo. A gente não tinha autoridade, eles ainda nos inspiravam respeito, mesmo que a gente visse pelos jornais que a coisa não ia bem. Além disso, todo mundo sabia que o cinejornal do DIP era peça de um complô de propaganda. Assim, aquilo que a gente cantava na escola, desfilava na escola, aquilo que a gente louvava de todas as maneiras – não chegava a ser como na Inglaterra, o Hafenrichter me contou sobre os hinos nas sessões de cinema – era tudo uma coisa só.

No tempo da guerra havia na escola reunião uma vez por semana, no Salão Nobre ou no pátio interno. Era sobre *A pátria que nos acolheu*. Era obrigatória. Servia para falar mal do nazismo e alunos e professores, a escola inteira tinha que assistir: era a sessão antinazista e antifascista. Só que éramos filhos de alemães, italianos. Acabamos formando um gueto – eu era filho de italiano 5ª coluna, pois o meu pai, imagine, foi investigado, a nossa casa invadida pela polícia. Levaram o nosso rádio, uma espingarda Winchester do meu pai que ele usava para caçar. *5ª coluna tem arma*, disse a polícia. Eu me juntei muito mais com os filhos de estrangeiros italianos, alemães. E um dos que ficavam conosco, era justamente um colega judeu, pela identidade de excluído. Entre filhos e netos de estrangeiros, éramos muitos e nos juntávamos. Na verdade os colegas não nos segregavam. Eles não sabiam o que fazer. Eles eram mais nossos amigos do que inimigos. Parece que alguma coisa neles dizia que aquela guerra de lá não podia ter mudado o Mauro, o Manfredo, o Leopoldo, o Lauro. Não podia ter mudado. Mas os professores comandavam as sessões. Ao mesmo tempo os professores também eram alemães, italianos...

Era uma situação ruim e que dava medo das autoridades. O meu pai, depois da invasão da polícia, ficou arrasado. Ele não entendia: *-Por que tirarem as minhas coisas, eu estou neste país há tantos anos. Eu dei um cientista e professoras com o meu bate-sola nestes joelhos, aqui, meus.*

A polícia foi revistar a minha casa porque o papai, antes das medidas do governo contra os estrangeiros em 1942, disse que era italiano e sempre ia ser italiano. Isso ficou parecendo provocação. Na verdade ele era orgulhoso das suas raízes e tudo o que havia de italiano que chegava até nós estava ligado ao fascismo: Beniamino Gigli, Tito Schipa, a *Fanfulla*. Todos louvavam as glórias da Itália!! Isso confundia ser italiano com a adesão ao fascismo, que era o caso do meu pai. Quando eu era pequeno, eu lia a *Fanfulla*, o jornal italiano editado em São Paulo, para ele e, sem interromper-se na cozinha, a mamãe me corrigia a pronúncia.

Nessa época se faziam piadas sobre os italianos, que seriam covardes, corriam de tudo. Era depreciativo de modo geral. Meu irmão estava nos Estados Unidos, minha mãe estava doente, e fazíamos os exercícios de bombardeio – tocavam a sirene e nos encolhíamos na escuridão. Foi um período amargo. A minha mãe morreu logo depois.

Mauro na formatura de Técnico em Química Industrial, turma de 1947

Capítulo III

De Químico a Assistente de Montagem

Eu estudei química num curso técnico em Curitiba, pois um moço em 1949-50 não tinha muitas opções e eu não tinha me programado para trabalhar com arte. Existia o rádio, mas eu precisava de uma profissão para logo, para ganhar dinheiro. O meu irmão, Fúlvio, que dirigia o Instituto Biológico em Salvador, me arrumou um emprego por lá, no setor de remédios. Só que eu tive que passar por um estágio na fábrica em Santo André. Eu não gostava da Rhodia, não gostava do trabalho e ao mesmo tempo tudo o que me caía nas mãos – jornais em São Paulo e ainda em Curitiba – anunciava a Vera Cruz, o projeto, a vinda do Cavalcanti e de um mundão de gente de muitos países. E então, eu estava ao lado da Vera Cruz!! Eu achei que precisava cortar o meu vínculo com a família, com o meu passado e experimentar até que ponto ia a minha ligação com o cinema. E eu queria saber mais da Vera Cruz, além do que estava nos jornais, pois eu sabia que a maior parte do que se falava era reclame.

Aí eu fui lá, falei com o gerente, Sr. Carlo Zampari (irmão do Dr. Franco), ele respondeu que não havia emprego, *o que temos não é para você.* O estúdio ainda nem estava pronto. Mas, como eu insisti, o Sr. Carlo Zampari me contratou e eu fui trabalhar na projeção com o Georg Pfister, um fotógrafo alemão que vivia em Águas de São Pedro e se tornou projecionista na Vera Cruz.

Maurrro você é de Curritiba?! me disse com a sua marcante pronúncia alemã e nos afinamos bem. Eu via e revia as cópias de trabalho.

Eu saí da Rhodia, mas não falei para ninguém. Imagine, eu sair de uma grande empresa conceituada para trabalhar no cinema!

Ficaram me esperando em Salvador. Meu irmão não sabia o que tinha acontecido comigo, nem onde eu estava. Eu estava na Vera Cruz, enrolando e projetando cópias de trabalho, que se chamam copião, e só fui contar depois de um ano, quando já era assistente de montagem.

No início, eu morava numa pensão na rua da Independência, no Cambuci, pertinho da fábrica Ramenzoni, e ia para São Bernardo com o ônibus da Vera Cruz que levava todo mundo. Depois morei em Perdizes, na Turiassu, numa pensão de uma ex-atriz adolescente, prima da Itália Fausta, com quem contracenou. Não me lembro do nome. Fiquei chocado quando vi o filme *Quem*

Matou Baby Jane porque a encenação da Bette Davis com a patológica fixação de um tempo passado e perdido era, até no visual, parecido, quase igual ao daquela senhora da pensão. Ela usava *cachos longos nos ombros caídos*, e falava como menininha, um pouco tatibitate, para fazer algum pedido, recomendação, exigência. Quando passei para a montagem, trabalhava à noite, eu vivia zonzo. Daí mudei para São Bernardo numa casa que a Companhia emprestava aos funcionários. Isso foi em outubro de 1950, quase dois meses antes do lançamento de *Caiçara.*

O estúdio estava em pleno vapor, e eu participei da estréia do filme, que na verdade foi um sufoco, pois no próprio dia ainda se tentava arranjar corretamente a cópia, já que o laboratório não acertava a luz. A cópia da exibição virou uma colcha de retalhos de pedaços bons em diversas copiagens. Foi um corre-corre geral.

Quando iniciaram a filmagem do *Caiçara,* Hafenrichter ainda não tinha chegado e quem montava era a Carla Civelli, irmã do Mário Civelli. Estavam ainda na locação, Alberto Cavalcanti percebeu que ela não tinha a experiência que ele precisava para fazer frente a uma equipe nova, um diretor novo, um roteirista novo. Ele viu que era muita responsabilidade para ele como produtor, que o projeto corria um risco –

Em 1952, na Vera Cruz, posando para o teste da câmera da truca com Walter Vitaliano

Na entrada do setor de montagem da Vera Cruz, no antigo galinheiro da fazenda, os assistentes de montagem Mauro Alice e Lúcio Braun, 1952

por que ele não quis aquele argumento, ele não quis aquele roteiro – ia ser muito difícil a coisa dar certo como estava sendo levada. Então chamou um editor que ele achou que iria salvá-lo: Oswald Hafenrichter!

Nesse mesmo momento, veio também mais um moço para trabalhar na minha seção, pois estavam editando a música do *Caiçara*. Eu assisti a edição de som. Eles achavam que a Eliane Lage não tinha voz eufônica boa e precisavam dublá-la. Achei muito esquisito. A Eliane Lage para nós sempre foi a Ingrid Bergman, ela é uma atriz autêntica, perfeita, maravilhosa, porque não queria ser atriz. Confessa que se tornou atriz porque se apaixonou pelo Tom Payne. Qual o quê! Ela é tão atriz quanto a Ruth de Souza, ela é aquilo que aparece. Folheando um livro autobiográfico, repleto de vistas de lugares por onde ela passou ou viveu, descobri que, como personagem ou como pessoa, Eliane Lage é uma paisagem.

Enfim, a dublagem de atores inexperientes foi feita por artistas de novela radiofônica, com experiência de trabalhar com a voz.

O *Caiçara* foi para mim o encantamento de rapaz jovem e caipira, preso à família. Viver tudo aquilo era um outro mundo, mas real, de verdade, uma mudança de vida pública.

Era uma liberação dos carinhosíssimos laços familiares que sempre me tolheram muito, apesar de sentir um baque muito grande morando em pensões mixas, com quartos muito grandes com três ou quatro pessoas, até chegar a um mais confortável no Pacaembu e depois a Vera Cruz me deu lugar numa casa para três rapazes. Com o *Caiçara* eu conheci o material: som, imagem, copião, emendas, rolos. Tudo era aprendizado. Tanto que, quando eu fui para, montagem, eu já sabia com que se lidava, reconhecia o material.

A sala de projeção ficava no sótão, sobre o estúdio de som. Assim, ficava no meu caminho, tomei contato com os canais, as trilhas de som e o material que ia para lá. Eu só não sabia o que estava dentro do rolo como arte e como mecânica, e, sobretudo, a nomenclatura, pois sala de montagem sem nomenclatura é o caos.

Com três pessoas na sala de projeção, eu acabei dando uma sobrada e o seu George falou com o Hafenrichter em alemão:

Tem esse moço aqui que é louco para aprender montagem.

E ele aceitou, pois precisava de gente para trabalhar, já estava chegando o material do *Terra é Sempre Terra*.

Oswald Hafenrichter, Anselmo Duarte e Mauro Alice. Ao fundo o estúdio ainda inacabado. Vera Cruz, 1953

O maquiador Eric Rzepeck que dividiu casa com Mauro em São Bernardo, 1953

Oswald Hafenrichter e a moviola vertical

Havia muito trabalho: era preciso fazer a dublagem e as trilhas de mixagem do *Caiçara,* e era preciso fazer os anéis do *Terra.* Passei a trabalhar com o Ladislau Babushka, um polonês que me ensinava tudo, era quase meu mentor. Ele me ensinou como enrolar o filme sem torcer, sem machucar, respeitando a perfuração. Uma disciplina de trabalho. Com ele aprendi também a fazer os anéis na enroladeira, uma invenção dele. Exigências do Hafenrichter que sabia ser exigente como quem não pede nada. Esse homem, Ladislau – grande filósofo - estava na equipe de montagem quando cheguei à secção, ele me instruiu a colar bem e sem medo da coladeira, a fazer rolo, a identificar e guardar material e carregar latas. Eu era auxiliar, aprendiz na hierarquia *à la anglaise* da Companhia.

Na montagem, trabalhavam o Hafenrichter e sua mulher Edith, um moço alemão de Santa Catarina, Arlindo Streicher. Todos estavam no *Caiçara* e no *Terra é Sempre Terra*, assim como eu. Na moviola de som, o Rex Endsleigh – magnífico editor de som inglês. Ele era alucinado com o sincronismo e parecia em tudo um desmesurado. Tinha um jeito próprio de rodar o filme na moviola. A gente achava que era por causa da guerra, porque ele tinha sido aviador e desapareceu por um tempo.

Apesar da companhia dessa gente toda, eu praticamente só colava filme o dia inteiro e via muito pouco do que eles todos faziam. Eu era uma fábrica de colar *Caiçara* e *Terra*. Eu já confeccionava os anéis na enroladeira, uma invenção do Ladislau, como também era invenção sua pôr etiquetas identificadoras nos rolinhos de cenas separados.

No estúdio existia mesmo uma confusão entre o *Caiçara* e o *Terra,* já que era uma fita saindo e a outra chegando, o trânsito das produções, as locações, ator que vai e vem. Era confuso e trabalhoso. Era preciso um estúdio mais bem organizado para enfrentar essa situação. E havia também os curtas-metragens do Lima Barreto que estavam sendo feitos ao mesmo tempo. Creio que era o *Painel*, onde ele fez tudo sozinho, e o Rex Endsleigh ajudou na edição de som, da música. Eu assisti a gravação porque eu era projecionista do estúdio de som.

Naquele tempo a sala de montagem ficava onde é o pequeno estúdio e eu trabalhava só de noite porque não havia lugar para trabalhar em dois filmes ao mesmo tempo. Estava tudo ocupado com o *Caiçara,* que foi muito difícil de montar, pois havia muitos atores iniciantes, como atriz principal, Eliane Lage, que nunca tinha trabalhado em cinema, Mário Sérgio, o galã que era

Eliane Lage e Abílio Pereira de Almeida, em Caiçara

Eliane Lage e Alberto Rushell em Ângela

playboy de Copacabana e o papel cabia nele, e não ele no papel.

Os dubladores não sabiam sincronizar direito e não havia gente sagaz que dissesse que não estava combinando o que diziam com o movimento da boca. Não havia gente com prática. O Álvaro e eu então nos instituímos na função e na dublagem de *Ângela*, o terceiro filme, estávamos comandando o sincronismo. No *Ângela* eu já estava bem exercitado no sincronismo e orientava os atores e n`*Apassionata*, chegamos a uma evolução tal, que não se sabe onde é som direto e onde é som dublado Além do mais, a porcentagem de som direto é muito alta neste filme.

Com *Ângela,* em torno de 1951, nós já passamos para a nova sala de montagem que ficava onde era antes o galinheiro da fazenda. Lá se formaram diversas salinhas onde havia ambientes diferentes para o montador e o assistente. Além disso, o Hafenrichter instituiu uma série de inovações como a porta de vai-e-vem para facilitar a circulação e desenhou móveis com que sonhou durante a vida toda na Europa. Encontrou facilidade em fazer e espaço onde colocá-los.

Eu ficava na montagem, na dublagem ou na projeção. Dificilmente eu ia ver filmagem, porque não me atraía, sempre achei muito monótono. Ensaio eu não agüentava. Além disso, se filmava muito em externa, na própria área do estúdio. Enquanto trabalhávamos, eu nunca vi o Cavalcanti na sala de montagem. Eu o via muito nas projeções. Estar com ele para mim era o fascínio total, ouvir o que ele dizia. Uma pessoa que trouxe tantas inovações, inclusive do som, esse era o Cavalcanti. Muita gente com quem convivíamos era admiradora dele pela aura da fama e do que saía em jornal a respeito dele. Esses, na Vera Cruz, quando a sua hegemonia foi enfraquecida pelo Dr. Franco, porque os interesses deles eram diferentes, um era artista e o outro era financista, aquela gente que admirava a aura – pode-se ver no livro da Maria Rita – as pessoas gargalhavam dele! Caçoavam, achavam que foi um fracassado com a cisão em *Ângela*. Assim, estes se passaram para os mais poderosos. Enquanto eu e outros que trabalhávamos com ele mantivemos a admiração e o respeito.

Por outro lado, ele era louco pelo som. Um exemplo: no *Caiçara* há um momento em que os pescadores encontram o corpo do menino assassinado pelo bandidão que o empurrou para o fundo de uma grota. Os pescadores puxam o menino numa grande rede de pescar, que passa sobre uma pedra. Cavalcanti não abdicava do ruído da rede roçando na pedra.

Ele foi um grande sonoplasta na Europa e pioneiro do som nos documentários. Assim, ele foi gravar o som dessa cena pessoalmente. Ele fez o ruído roçando um pedaço de rede dentro de um tonel com água. Mas ele precisava de resistência para que o som saísse perfeito. Nesse momento, eu estava passando e ele me chamou para ajudar a puxar a rede. Ele pessoalmente foi lá puxar, porque sabia o comprimento do som na imagem que estava na cabeça dele. Eu puxava de um lado e de outro os colegas puxavam em sentido contrário para fazer a resistência. Ele concebeu como gravar o som. Foi o começo da minha saída da projeção.

Assim, mais tarde, quando houve a famosa cisão, eu não podia ir contra ele. Minha admiração era muito grande. Eu não sabia como eram as questões envolvidas em termos de razão, negócios, talento, questões financeiras. Eu não tinha condição de tomar partido. Eu não iria contra ele. Eu e outros companheiros técnicos não abandonamos o trabalho e tivemos que enfrentar as condições impostas pelo Dr. Franco, pois já estavam filmando *Ângela*. Imaginem o clima lá dentro.

Um Pouco Daquela Vida

Quando eu comecei na Vera Cruz, eu trabalhava à noite e morava numa pequena pensão. Eu vivia zonzo, sonado e daí a Companhia me ofereceu uma casa em São Bernardo junto com Eric Rzepeck, o maquiador que veio do Rio e tinha exigido habitação paga pela companhia. Eram dois quartos, uma sala, a cozinha não tinha fogão e nem água encanada, só um poço. A rua era bem comprida ao lado do Cemitério, Rua Senador Flaquer. Lá, exceto o armazém da esquina e 2 pessoas, todos os bangalôs eram habitações de gente da Vera Cruz. Mas era fora do estúdio, pois não queriam colocar mais gente morando lá dentro, como Hafenrichter, por exemplo, que tinha um apartamento grande na área da Companhia.

O Eric era polonês e me contou que durante a guerra foi aprisionado pelos russos que, numa troca de prisioneiros, ao invés de alemães, mandaram poloneses para o lado de lá e, dessa forma, ele foi prisioneiro dos alemães. Como ele era universitário, era oficial, e visitava campos de prisioneiros de guerra. Outra de suas ocupações nesses campos era espetar cadáveres para tirar a água que lhes inchava o cadáver, para que se amontoassem com mais facilidade. Ele passou por muitas vicissitudes, mas tinha tamanha vontade de viver que suplantou a vontade assassina.

Ele chegou ao Brasil em 1947/ 48 vindo de Londres trazido por Pascoal Carlos Magno para o Rio e nunca mais voltou para Polônia enquanto sob o domínio russo. Em Londres ele tinha ficado servindo em quartel e foi obrigado a aprender uma profissão. Foi quando se tornou maquiador, que era um posto vago para ajudante (o seu primeiro trabalho foi em *César e Cleópatra*, com Vivien Leigh, rodado sob bombardeios). Veio para a Vera Cruz trazido pelo Cavalcanti, pois conhecia bastante a maquiagem própria para o cinema. Mas, apesar disso, ele só começa a trabalhar na Companhia depois da saída do Cavalcanti, no momento em que o Zampari quis dobrar a produção.

As projeções, das quais participei, eram sessões de trabalho com o diretor, o diretor de fotografia, o editor e seu assistente. Eu quase não tinha contato com os atores, e isso só aconteceu quando eu comecei a fazer as dublagens Entretanto, as projeções, tão comentadas como fatos da elite, eram as sessões realizadas pelo Dr. Franco para pessoas da sociedade, sobretudo depois que se declarou a falta de capital, e ele precisava do apoio dos capitalistas. Para isso ele fazia jantares e projeções no estúdio.

Lembro-me muito também da Inezita Barroso. Ela fazia shows dentro da cantina dos funcionários. Eu assisti a uns cinco ou seis. Era uma maravilha, era a descoberta do repertório da artista que ainda não estava consagrada, justamente porque foi o cinema que levantou a sua carreira. Por vezes íamos também a concertos dela fora do estúdio. Ao sair, púnhamos a capa de chuva, pois em São Bernardo estava sempre úmido. Éramos muito chegados e ela chamava a mim e ao Renato Consorte (que era assistente de produção supereficiente e já trabalhava como ator) de *Meu público fixo*. Ela era também estrela nos shows para os visitantes ilustres trazidos pelo Dr. Franco.

A Formação do Montador: Hafenrichter – Aprendizado e Conflitos

Oswald Hafenrichter veio da Inglaterra em 1950. Até a guerra começar, ele trabalhou na Alemanha e, esporadicamente, montava também na Itália, filmes de bel canto filmados na Alemanha. Ele foi o montador do segundo filme sonoro alemão, *Mädchen in uniform* (Senhoritas em uniforme). Quando chegou, passou a viver com a família – a mulher, filho e cães de raça que mandou vir da Inglaterra num apartamento tipo bangalô dentro do estúdio.

Na sala de montagem, a moviola era vertical e ele parava com a mão onde queria o corte.

Cortava com a tesoura e colava. Ele não usava a coladeira. Cortava no ar, olhando no ar e cortava o som também na largura que ele queria. E eram largas as emendas. Em outros filmes, quando ele queria corrigir, perguntava se tínhamos outro plano. E eu que era assistente, e tinha tudo na memória, sabia em que lata ou gaveta estavam as coisas. Se eu não sabia, corria às folhas de continuidade. Nesses períodos ele pedia que eu guardasse o material pendurado *take* por *take*.

Na fase da grande preguiça, no grande comodismo da Vera Cruz, na época da moviola horizontal, do magnético, a gente fazia rolos dos pedaços que sobravam. Eu mantive durante muito tempo esse jeito de guardar porque se perde muito tempo para fazer etiquetas para rolinhos separados e não pagavam um assistente para mim. Na minha formação, quando foi se solidificando a profissão de montador, era um período muito pobre para o cinema no Brasil. Eles não pagavam assistentes porque encarecia. Além disso, a Vera Cruz era distante de São Paulo e para tudo tinha-se que sair de São Paulo.

Então, o novo tipo de produtor descobriu que o magnético de som em 35mm podia ser cortado ao meio e se transformava em dois rolos, pelo preço de um. Assim, passamos a trabalhar com um rolo que comportava uma trilha com 17,5 mm, num equipamento com detalhes (rodas dentadas, roletes) para 35mm. Daí era preciso inventar um jeito de prender o magnético que na moviola vertical, parecia talharini dançando. O equipamento exigia que tivesse perfuração dos dois lados. Dançava mesmo. Era desastroso. Apesar disso, como era mais econômico, todo mundo adotou e a prática pegou o Brasil inteiro, até o cinema da Boca do Lixo, durante os anos 60/70. Os capitães do 17,5 eram o Sylvio Reinoldi e o Lucio Braun, que comandavam o movimento do *mais barato* na década de 60/70.

Hafenrichter era um austríaco romântico, mas o corpo de um cavalão. Era corpulento e de presença rude, porque muito forte. Os traços eram fortes, um vasto narigão, a mão enorme, o pé espalhado. Ele implicava com o nosso jeito de falar sorrindo, submissos. Quando os aprendizes observavam, meio envergonhados, que alguma coisa era diferente no Brasil, que não se usava ou não se dizia assim, ele perguntava por que sorríamos para dar as explicações. Uma espécie de condescendência nossa, e ele passou a falar com a gente com um sorriso, meio à chinesa. Era uma grande figura e a exigência dele foi capital para o estúdio naquele momento. Porque ele era um homem de ferro, mas de um ferro bonito, porque ele era agradável e não impunha seus pontos de vista com severidade, apelando para punições ou demissão.

Ele era perfeccionista. Na mixagem ele ainda estava mexendo na montagem e depois, tocava a mim e aos colegas ajeitar o sincronismo das trilhas. Para conseguir a nossa adesão, ele punha a alça dos óculos na boca para nos perguntar alguma coisa, explicando por que teríamos que refazer algo que ele não julgava bom. Eu aceitava num instante porque eu via que a correção era de uma mágica tão incrível, eu via o que acontecia. Ele tirava dois quadrinhos, desmanchava todo sincronismo do rolo, mas aqueles dois quadros, notava-se que formavam o resultado diferente; ou ao contrário, quando faltava, toca procurar o pedaço para aumentar, e daí era o caos, por que mudava tudo mesmo. Ele fazia isso com o negativo montado. Uma barbaridade! Quando ele não estava satisfeito, mudava o filme até depois da estréia! Mas, não, não era atitude servil e hipócrita ao que os outros acham e se manifestam, dizem ou escrevem. Para ele – sempre me pareceu – a reação do público não lhe era preocupante por falta de entendimento do estrangeiro, nem submissão a interesses puramente financeiros. A reação do público era a extensão múltipla do seu trabalho solitário entre as quatro paredes e a moviola.

Hafenrichter não me deu aulas de montagem, mas ele puxava a minha observação e me perguntava muita coisa. Queria ter a medida, a repercussão de falas, costumes locais que a cena mostrava. Ele procurava, dentro de quem assistisse, esses sentidos, pois ele vinha de um mundo diferente e não tinha a medida do alcance do idioma. Ele sentia isso. Mas, apesar dessa preocupação, ele era muito criticado pelos nacionalistas que julgavam que ele cortava justamente cenas onde havia o que esses consideravam o *caráter nacional*.

Montagem x Caráter Nacional

Hafenrichter foi muito criticado pelo seu estilo de trabalho, pela forma que buscava na montagem, que desagradou a alguns diretores e que, por vezes, foi confundida, como antinacionalista, contrário ao traço muito comum nos filmes daquela época.

Ele tinha uma forma muito essencial de montar, em nome de um bom padrão de narrativa. E se o filme não tivesse isso, ficavam buracos inócuos com as situações, e por isso ele era, e muito, condenado. Para a expressão dramática da narrativa e para a inteligibilidade do tema, ele sacrificava cenas que eram caras ao diretor, que queria que elas fossem mantidas ou longas porque apresentavam uma paisagem bonita, um aspecto típico; coisas que se queria manter (digamos assim, por exemplo, uma careta a mais do cômico; ou, na seqüência climática do filme, no último rolo, ficar mostrando detalhes de como pareciam as paredes da casa regional de pau-a-pique), mas que para o ponto de vista do montador, não eram significativas para o padrão de narrativa mais expressivo. Foi isso que provocou o rompimento com Abílio Pereira de Almeida.

No *Sai da Frente*, em 1952, ele foi muito criticado pelo Abílio pelas eliminações e encurtamentos que fez nas cenas do Mazzaropi. É preciso entender que, num filme, há tempos que fazem o tempo da expressão. O tempo faz parte da expressão, a expressão precisa de tempo. Hafenrichter, nas questões imediatas, cortava. Pergunta e resposta, ele cortava no tempo lógico. Mas o Mazzaropi sempre que falava, falava com uma *grimace* (careta) especial e não parava com aquela cara. O público gostava – gosta - muito daquilo, mas o Hafenrichter cortava um pouco por julgar excessivo. Mas, depois, e vendo a reação do público, percebeu que a cena suportava mais tempo. Mudou de idéia. Teria deixado mais ou teria buscado outra saída.

No segundo filme, *Nadando em Dinheiro,* que é um sonho expressionista, Abílio, quando viu que

Mazzaropi em Sai da Frente

Oswald reduzia o filme a uma alucinação expressionista, começou a achar ruim porque na cena o Mazzaropi fazia coisas extremamente grosseiras para criar contra-sensos. Por exemplo: Mazzaropi tem que comer uma manga num jantar elegante e ela cai do seu prato para debaixo da mesa; ele se agacha para pegá-la e assim vê que, sob os vestidos longos de gala da elite ali sentada, as senhoras subiram a saias e mostravam pernas horríveis, cabeludas, desregradas. O Abílio tinha filmado as pernas, sob a mesa, do pessoal da equipe, de uma forma bem grosseira, uma piada apelativa. E se dava risada, justamente, porque não podia ser uma mulher elegante à mesa, com pernas cabeludas descobertas.

A ironia crítica, se houvesse, se perdia no insustentável. Hafenrichter achou que era demais e aparou as cenas mais grosseiras e os planos mais próximos. Isso deu num surrealismo que resultava menos grosseiro. Abílio achou que ele podou cenas muito engraçadas que o povão gosta e que supostamente conteriam expressões do caráter nacional.

Assim, onde parecia haver reiteração, excesso e para condizer com o estilo do próprio filme, Hafenrichter cortava, o corte era interpretado como uma poda a um traço nacional por gente como o Abílio, Walter Durst, e um grupo de algum partido político...

Mas essa história de nacionalismo era um escudo do pessoal. Para o Cavalcanti o folclore era um argumento de particularidade do filme, de atmosfera para ser vendida no estrangeiro. Ele não queria coisas em cidades como as européias. Parece que a Vera Cruz já nasceu sob esse signo.

Mas os seus opositores partiam de um conceito de que o Hafenrichter não podia sentir o mesmo que os brasileiros sentiam e essa separação não era muito real, verdadeira. Existem condições que determinam as reações e nós somos um caldeirão cultural. Assim é que, aquilo entendido pelo montador como um corte dramático, era interpretado pelos opositores como a vontade de fazer uma coisa européia. Abílio achava que ele depurava os traços nacionais, mas na verdade acreditava mesmo é que a edição agredia a recepção e o gosto do publico brasileiro e assim agredia a bilheteria. Ao contrário disso, Hafenrichter estava querendo fazer bons produtos comerciais e populares como o Mazzaropi. Este fato é incontestável. Ele conseguiu daquela coleção de situações episódicas fazer um filme uno de grande êxito.

Mas foi no *Sai da Frente* que eu montei sozinho, a minha primeira cena. No filme há um momento teatral em que Mazzaropi bebe num boteco, com o companheiro de viagem no caminhão.

Ele dizia uma frase e destampava a garrafa. O outro dizia outra frase e destampava a garrafa. O nosso chefe pediu que a gente criasse um barulho especial para o destampar a garrafa, um *pok* com a bochecha. Mazza dizia uma frase e tinha a pontuação sonora. Isso era muito sutil. Em outro ambiente, Mazzaropi dá um telefonema, e essa foi primeira cena que eu montei na vida. Hafenrichter me disse: *aqui o Mazzaropi fica sozinho* (não aparece o interlocutor). Um corte. Mazzaropi falando no telefone sozinho, outro ângulo, outro corte. Tempo de ouvir o interlocutor, não tinha que acrescentar tempo. Era o tempo de ouvir e reagir, o que Mazzaropi fazia esfuziantemente. Eu fiz a cena para o Hafenrichter corrigir depois, mas ele não mexeu um fotograma! É o meu grande orgulho até hoje.

Em *Nadando em Dinheiro*, o Abílio estudou o que os filmes cariocas apresentavam e procurou fazer um correspondente para o público paulista. Oscarito e os atores do filme popular carioca vinham do teatro burlesco, usavam a expressão, as peculiaridades do malandro carioca, do povão, da dona-de-casa, daquilo que, estabeleceu-se, o grande público carioca gostava e era um sucesso. Abílio seguiu esse paradigma e fez, no *Sai da Frente*, ao invés do morro, o cortiço, colocando também ingredientes das comédias do Alberto Sordi e do

Totó, que não eram musicais. Colocou um homem com aptidões, mas que fez um personagem popular paulista estilizado que mesmo nos papéis urbanos tem um quê caipira que vem do Genésio Arruda, personagem esse que é o Mazzaropi. Ele fez um filme com essas concessões e com bastante segurança e daí vem o montador e poda? Era um golpe. Ele sentiu que não chegou a provar se aquilo que criou era ruim ou não. Entretanto, o êxito de *Sai da Frente* fez ele criar um outro filme com esses mesmos temperos, pois era o mesmíssimo personagem, mas com ambiente rico que a produção da Vera Cruz tinha o gabarito para fazer. Só que *Nadando em Dinheiro* não deu certo (ao contrário, os gastos foram tão altos que não deu o lucro esperado) porque fazer chanchada sobre a alta sociedade dentro da própria alta sociedade esculhambou com o tema. Assim, Hafenrichter cortou os excessos do burlesco, as caretas e não gostou do comentário musical...

Apesar dessas divergências, Zampari sempre ficou com o Hafenrichter, porque ele sabia argumentar. No caso do Abílio, o Dr. Franco achou que podia conceder. Isso não alterava a situação financeira e o Abílio, de uma certa forma, tinha razão.O resultado dessa briga é que no outro filme do Abílio, *Candinho*, eu me tornei o montador do filme a pedido dele.

Candinho

O Abílio, insatisfeito com a montagem de *Nadando em Dinheiro* feito pelo Hafenrichter, pediu ao Dr. Franco que me liberassem para montar *Candinho*, que o consultou (acho eu, já que Hafenrichter não me passou nenhum outro trabalho).

Eu comecei a tarefa e segui a linha de sempre: o diretor do meu lado, seguindo o plano de filmagem, o roteiro e a continuidade. Era uma pré-montagem, mas eu já estudava alguns cortes que o Abílio me pedia na projeção. Daí aprontei o bonecão e o Abílio estava polindo certas cenas e cortes. Mas eu me perguntava: e o Hafenrichter não vem? E o corte final? Pairava um zunzunzum, pois havia outras pessoas que também queriam esse cargo. Mas eu fiquei realmente muito emocionado quando depois da pré-montagem, que o Hafenrichter não acompanhou, o Abílio me chamou para fazer o corte final. Eu não fazia o corte final! Fiquei surpreso, confuso. Daí eu não agüentei. Fiquei gelado. Eu nem podia pegar no filme. Fiquei com uma vergonha, uma disparada de coração... O meu ímpeto era sair correndo dali e ir falar com o Hafenrichter, mas Abílio não era um qualquer. Ele tinha me escolhido, eram situações que eu não podia romper. Daí conversei com ele e corri, literalmente corri atrás do Hafenrichter.

Eu estava muito sentido pela forma como as coisas aconteciam, como eu fui jogado naquela situação. Então eu comecei a falar com o Hafenrichter e me pus a chorar, preocupado com a sua reação. Ele, ao contrário, estava satisfeito. *Assuma esse cargo. Mauro, você sabe montagem, você já monta desde criança*, ele me disse.

Ai eu levei um susto. Ele ria com o meu choro e foi muito compensador, pois eu pude perceber que ele não estava sentido comigo, ou achando que eu passei uma rasteira nele. Percebia também que eu correspondia às expectativas do Abílio que era muito atencioso e se interessava por mim. Além disso, ele gostava muito de Curitiba. Eu acompanho os diretores, não brigo com eles. Eu respeito bastante a orientação deles. Se discordo, procuro chegar a uma solução de consenso entre a minha visão e a do diretor.

Quando *Candinho* estreou no dia 25 de janeiro de 1954, como parte das comemorações dos 400 anos de São Paulo, eu vi que não estava bem montado. Estava muito longo. Mas esse alongamento coincide justamente com aqueles elementos que o Hafenrichter cortava e que desagradavam ao Abílio. Faltava o dinamismo e a complementação que a pressa às vezes dá. O que Hafenrichter fazia nessas situações, era tirar as aparas, criando outras coisas. Mas eu não fiz

Cena de Candinho, de Abílio Pereira de Almeida, primeiro filme montado por Mauro Alice, 1954

Candinho, com Mazzaropi

isso porque era inexperiente e porque sempre vinha outra autoridade e obrigava.

No *Candinho*, o Abílio interferiu bastante, e eu o deixei interferir. Mas eu também participei. Por exemplo: eu não sabia como resolver a cena do bode quando ele é puxado por um fio de arame, para dar a impressão de um grande encontrão entre ele e o Mazzaropi. O bode foi puxado por um fio e era preciso que a montagem ocultasse o fio e que não se visse que o bode estava sendo puxado. Então eu fiz uma montagem em que eu alternava 2 segundos do bode, 2 segundos do Mazzaropi, 1,5 segundo do bode, 1,5 do Mazzaropi até que eles se encontrassem. É o que em música se chama *accelerato*. Eu já tinha estudado isso, a proporção na ação paralela para ter o crescimento dramático. Eu vi isso nos livros de montagem do Pudovkin.

Ter substituído o Hafenrichter nesse filme, provocou várias reações no estúdio. Eu sentia na carne o zunzum. A equipe de *O Cangaceiro*, Lúcio Braun e Giuseppe Baldaconi e Carla Civelli, tentou tirar o Hafenrichter, mas o Dr. Franco nem quis saber. Mas depois eu voltei a ser assistente de montagem em *Floradas na Serra*, n´*O Sobrado* e n´*A Estrada* que já foi feito fora da Vera Cruz.

No *Floradas na Serra*, o Hafenrichter teve problemas também, mas de outra ordem. Não foi com o diretor, Luciano Salce, que sabia que o filme precisava de uma boa edição, mas com os atores, já que os cortes acabaram deixando alguns personagens de fora.

Quando o copião de *Floradas* ficou pronto, ficou muito grande. Havia falhas no roteiro que não foi bem escrito, havia muitas histórias entrelaçadas e o filme estava muito longo. Era interessante ou era um equívoco?

Então se colocava, justamente, a questão de saber se era para aproveitar tudo ou não, já que se ficasse muito longo, ele ficaria fora dos padrões de exibição, o que prejudicaria a carreira comercial do filme e o estúdio não ia ter o retorno que poderia ter.

As histórias eram tão interessantes que suportavam todo o detalhismo do que foi filmado? Cada doente tinha a sua história. Dentre eles, a Lucila e a sua paixão pelo gigolô, que era o estofo do filme. Com tantas tramas, valia a pena fazer um dramalhão?

Sim, valia a pena. A história da Cacilda era a central, embora no livro a personagem central fosse a Elza, uma escritora representada pela Ilka

Cacilda Becker e Jardel Filho em Floradas na Serra. Essa cena foi ensaiada durante um dia inteiro, para ser filmada no dia seguinte. Clima, atuação, silêncios, falas, revelam mentiras que são aceitas com outras mentiras, revelam dores tais que não se revelam, mas se expressam. 1954

Soares. No livro, ela está no lugar do narrador. Ela escreve o livro que estamos lendo. No filme isso foi suprimido.

Então o Hafenrichter começou a podar e deu o célebre corte e as pessoas, sobretudo atores, se sentiram ofendidos. O Luciano Salce, o diretor, não, pelo contrário. Era aquilo que ele queria e ele acompanhou muito de perto a montagem final. Eles discutiam bastante e aconteceu essa aglutinação que foi a conquista do gênero, da dramaticidade, da comoção que a história guardava e que, assim, apareceu.

Mas havia erros como o texto do diálogo feito pelo Fábio Carpi, que era um grande escritor de cinema, mas que não foi bem corrigido. Acharam que o personagem da Cacilda poderia explicar satisfatoriamente as suas emoções de um modo mais erudito. Isso tornava o filme um pouco afastado da realidade comum do grande público. Não era só afastado porque era um grupo de tuberculosos em Campos de Jordão e a paisagem contava. Existia ainda uma terceira razão que era a linguagem. Quando o José Mauro de Vasconcelos corrigia, tudo bem, mas quando era o Guilherme de Almeida como nesse filme...

Condenaram muito *Floradas*. O público achava que falavam português lusitano. Os filmes cariocas tão populares eram muito *lusitanos* e não se reclamava. A Dulcina, o Rodolfo Mayer, o Procópio falavam *daquele jeito* e não havia problemas, mas condenaram a entonação muito teatral da Cacilda e do Jardel. O melhor deles é o Miro Cerni, que faz o médico. Parece estigma, mas é também um apoio para propositalmente se prejudicar um filme, uma vez que não se trata de algo sutil: diálogo é ouvido. Os três primeiros filmes da Vera Cruz eram regionais com seu sotaque específico. Em *Ângela*, a fala gauchesca, respeitadíssima entre os personagens, sofria este tipo grotesco de ataques. Era a época dos *cabra da peste...*

E naquela poda de personagens, saiu o veneno mais geral: que a Cacilda Becker insuflava o Dr. Franco para diminuir os papéis das outras atrizes, e o Hafenrichter executava. Eu nunca vi nada disso. Na verdade o corte era uma questão narrativa, necessária ao filme e o Hafenrichter foi muito criticado.

Eu, de minha parte, amava aquele material – a paisagem, o ambiente de doença, as estrelonas – não é qualquer um que tem uma atriz como a Cacilda Becker na mão. Eu experimentei bastante e sabia que, como assistente, eu ajudaria mais o Hafenrichter.

O Sobrado

Ele teve ainda muitos problemas com o Durst, n´O *Sobrado,* por conta das *questões nacionais.* Mas nesse filme eu concordava um pouco com aquela teoria do nacionalismo, em relação aos cortes do Hafenrichter. Há uma cena no filme, onde se faz uma festa dentro do sobrado para aliviar a tensão do cerco e se canta *Nau Catarineta,* canção do folclore gaúcho. Um homem na boléia canta – *Oh! Nau Catarineta. Terras que vejo, são terras de Portugal...* E tem *Três moças, uma está a bordar, a outra a costurar e outra na roca a fiar.*

Hafenrichter achava a música excessiva, longa, e queria cortar. Mas havia coisas que eu achava que não devia cortar. Ele me perguntava o sentido daquilo tudo, e eu explicava, senti que ele achava que, tal como em italiano – que ele conhecia bem –, roca significa rocha. Tive que explicar o que era roca. Não havia termos nem gestos que suprissem. Lembrei-me de um *Lied* de Schubert cujo título é exatamente *Margarida na Roca* (sobre texto do *Fausto* de Goethe) e que eu tinha lido em alemão *Gretchen am Spimrade.* Eu dizia esse título com minha pronúncia que de alemão não tinha coisa nenhuma, e ele não entendia. Até que com o acúmulo de gestos, canto e empenho em ser claro, ele caiu em si. Notou o

Cena de O Sobrado, de Walter George Durst

clássico, o antigo, o universal, o tudo que aquele canto traz, e a cena floresceu, lindamente, até o monte de frases bizarras que o cantor vive dizendo no filme todo, tomaram outra linha e foram mais bem aproveitadas na poda.

A prevenção contra ele por tudo isso, era muito forte. Ele sai moralmente abatido da Vera Cruz em 1955, com o *Sobrado*. Mas ele fez ainda *A Estrada.* E acho que ele contava ficar no Brasil.Eu fui vê-lo e a mágoa da sua saída ainda persistia. Com os problemas financeiros da Vera Cruz, o seu salário era muito alto, e ele passou a ser um peso lá dentro.

N´*A Estrada,* produção de fora da Vera Cruz, eu e Lucio Braun fizemos a pré-montagem. E o diretor, Oswaldo Sampaio, não gostou, ou ficou com medo, ou quis colocar um nome famoso e chamou o Hafenrichter. Ele se debulhou naquele filme. Fez o que podia, mas já estava muito aborrecido com o que acontecia.

Já havia tido vários problemas com o Abílio, com o Durst e se sentia prejudicado. Ao mesmo tempo, ele não queria abandonar o trabalho, queria ser demitido. Não sabia o que ia encontrar na Europa. Ele não queria voltar, gostava muito do Brasil, tinha comprado propriedades, sempre adorou o Brasil.

Bem, depois ele se foi de volta para a Europa. No ano seguinte, na entrega do Prêmio Governador do Estado, o Lúcio Braun e eu ganhamos o prêmio de montagem com esse filme. Eu achei injusto. Foram me entregar o diploma, mas o prêmio em dinheiro eu não fui buscar!

Foi conchavo do Lucio Braun, que deu dinheiro para ganhar o prêmio e o *status*. Não foi a única vez. Na reapresentação de *O Cangaceiro*, fizeram um novo letreiro inicial e ele, que montava *Um Certo Capitão Rodrigo*, produção do William Khouri na Vera Cruz, forjou algo para tirar o nome de todos os elementos superiores (Baldacconi e Carla) para ficar sozinho na cartela. Tirou Hafenrichter do seu atributo maior. Porque *Ele não é brasileiro!* Nem sei se ele se tornou um bom ou um mau montador. Sei que ele era um mau homem. Ele era muito mau-caráter.

Hafenrichter foi embora em 1956, mas pediu que eu ficasse, pois se acontecesse um *revival*, ou uma co-produção do estúdio, eu conhecia rudimentos de inglês e poderia participar com ele. Acho também que ele ficou com um pouco de pena de mim porque me percebia um meio desorientado, fora do mundo, porque a Vera Cruz não era um núcleo familiar suficiente para mim.

Na hora que ele foi embora, não havia ninguém para montar com o gabarito dele.

Eu acho que dessa animosidade ficou um restolho até hoje: a idéia de um montador que corta, corta sem precisar, por mania de cortar. Assim, ficou do Hafenrichter a imagem de um montador que corta muito, para fazer a montagem aparecer. O pior é que, para assegurar isso, sempre repetem as mesmas declarações das mesmas pessoas nos mesmos depoimentos das mesmas entrevistas.

Com a saída dele no final do contrato e o fim da Vera Cruz, onde eu ainda não tinha o estatuto de montador, apenas de assistente de montagem, embora já tivesse montado *Candinho*, fui, então, alçado à categoria de montador na Brasil Filmes.

No filme seguinte, *O Gato de Madame*, filme da Vera Cruz, mas já com o nome de Brasil Filmes, eu não agüentei as pressões das invejas, de colocarem gente para montar certas partes do filme porque diziam que o Mauro era muito demorado, Mauro isso, Mauro aquilo, etc. Aí eu tive uma oportunidade de ir para o Rio e larguei a Vera Cruz.

O José Carlos Burle estava querendo um montador. Quando veio mixar *Depois eu Conto* na

Vera Cruz, me convidou, eu aceitei e fui fazer *A Baronesa Transviada*. Eu estava descontente com a situação do fecha-não fecha na Vera Cruz já que eu era praticamente a única pessoa que ficou no setor, além de Dª Gertrudes, a montadora de negativos (havia quem chamasse D. Gertrudes Dobelling de Dª Negativa, pois ela tinha montado *O Anjo Azul*) e eu montava o positivo. Eu me sentia muito amarrado e muito solto, acho que talvez estivesse procurando um novo Hafenrichter na minha vida, um novo chefinho. Eu não gostava daquela situação.

Naquele momento, o Burle estava lá mixando *Depois eu Conto*, e usou a minha sala. Como não sabia mexer nas enroladeiras, eu ajudei. O filme era uma pobreza total. Num diálogo do Grande Otelo com a Eliana numa varanda, ela se aproxima de um repuxo e se vê o repuxo com o som da água. Quando a câmera muda de lugar com o Grande Otelo no contracampo, em frente da Eliana e olhando para ela, desligam o repuxo porque não era visto neste plano, de tal forma que, na gravação do som (pois eles faziam som direto), não se ouvia o mesmo som. Quando a câmera está na Eliana, havia o som da água, e quando está no Grande Otelo na frente dela, não. Assim, imagine montar a cena: com repuxo, sem repuxo, com repuxo, sem repuxo. Daí, era preciso arrumar uma trilha com o som do repuxo constante. Foi só isso que eu ajudei a corrigir.

O Macedo ficava louco com dublagem. Eles não gravaram, como na Vera Cruz o que os ingleses chamavam de *wild track*, som livre, a gravação da hora, ruído ambiente que não era dublado ou de coleção. Era só gravar 3 minutos de repuxo e estava salva a pátria, fazia-se um anel e gravava o quanto precisasse ou fazia um anel constante. São coisas assim que marcavam a diferença entre a Vera Cruz e que faziam na outras produtoras nacionais, e com o qual eu entraria em contato em seguida. Eles não tinham equipamento para corrigir esses problemas. O Máximo Barro me disse que a gente vê que o negativo som tem emendas que correspondem aos planos de imagem. O negativo som foi montado junto com o negativo imagem, sem mixar, então não tem equilíbrio de perspectiva. Daí eles precisavam de alguém que fizesse as trilhas.

Quando eu senti que o convite foi oficializado, eu pedi demissão ao Abílio. Ele achou que eu estava com picuinha, mas sentiu. O Abílio tinha um carinho por mim porque eu sou de Curitiba, porque eu montei o *Candinho* a pedido dele. Ele me achava o montador do futuro, o substituto do Hafenrichter sem ser estrangeiro.

E com essa eu fui para o Rio, e foi muito bom ter ido. Mesmo trabalhando aos domingos, eu andava de bonde, morava em Santa Teresa, cada dia era um passeio. Foi extraordinário e depois tão extraordinário quanto esse evento foi quando eu fui procurado em 1958 pelo Flávio Tambelini, na Vera Cruz, quando mixava o meu último filme carioca. Ele me trouxe de volta a São Paulo para trabalhar com o Biáfora.

Capítulo IV

Rio

Fui trabalhar na Watson Macedo Produções Cinematográficas em meados de 1956. O Watson tinha se desligado da Atlântida e alugou o estúdio da Brasil Vita Filmes de Carmem Santos em São Cristóvão. Lá com eles, eu tive contato com uma dinâmica de ritmo de filme que eu não conhecia. Era aquela história de não deixar parar a ação, o que eles faziam com muita graça. Na Vera Cruz, ao contrário, a gente aprendia e respeitava as pausas, os respiros, os tempos. Hafenrichter fazia e eu faço isso, mais outra gente faz isso. No Rio, com o Macedo, ao contrário, a ação era acelerada e eles enchiam de caretas. Mas os filmes eram diferentes. Não eram chanchadas. *Rio, Fantasia* é um filme muito gracioso.

Nessa época, o Watson Macedo, que era o diretor, tinha dado uma guaribada na sobrinha que era a Eliana. Ela tinha engordado muito, dá para notar em *Amei um Bicheiro*; mas depois ela podia assumir a vivacidade de mocinha que nela ia bastante bem. Parecia até a Debbie Reynolds. Ela era muito graciosa e popular na época.

Os filmes não tinham técnica nenhuma. Macedo não usava moviola, mas comprou uma e por isso me contrataram. Era uma moviola inglesa, baixinha, muito boa, mas velha, material usado. Na verdade, o Macedo montava na mão. Quando ele acertava o fotograma que queria, dava uma torcidinha no filme e marcava o lugar, enquanto eu usava o lápis dermatográfico. E daí os assistentes dele, todos parentes, cortavam. Eles eram basicamente familiares, era uma firma muito familiar.

Outra coisa que eu custei a me acostumar: eles não faziam copião do filme e copião do som, que correriam paralelos no sincronizador ou em carretéis simultâneos ou na moviola em diferentes cabeças. Uma pessoa no laboratório sincronizava o negativo som e o negativo imagem e já vinha a primeira cópia para eu montar com o som. Ora, o som para parecer sincrônico é copiado com um adiantamento para chegar à célula fotoelétrica sincronicamente com a imagem à qual ele corresponde. Isso significa que o som/gravação está adiante. Qualquer erro no corte, a fala que está lá em cima, se perde. Dessa forma, a montagem é determinada pelo som. Por isso que o som de fita carioca é todo grudado um no outro. Uma pessoa fala, a outra já está falando quase em cima.

O Macedo pegava uma tesoura e raspava com um X os fotogramas que não era para montar o negativo imagem porque continham o som. Eram só para ser o tampão do som. E o *take* anterior tinha que ter um comprimento virtual para cobrir aquele tempo. Era uma danação nunca poder ver o copião certo. A gente sentia o ritmo porque a fala era toda grudada. Daí esse dinamismo tão espetacular que eles tinham, afora que eles observavam a entrada da ação. Não tinha tempo de espera, não tinha nada. Só havia a ação de movimento mecânico. Acabamento, não havia nenhum. Eram apenas duas trilhas, uma de diálogo que era de som direto e outra de música.

Watson Macedo tinha dois assistentes que se tornaram pessoas importantes no cinema brasileiro, conseguindo notoriedade: um é o Roberto Farias e outro o Ismar Porto que escrevia os roteiros. Eu fiz amizade com eles e viramos uma trinca e depois veio o outro irmão do Roberto, o Rivanides, que tinha a mesma presença dos Farias. Eu me dava com a família inteira. Quanto ao Ismar, nos correspondemos por uns dez anos. Ele se tornou diretor e, por problemas de sobrevivência, passou a fazer o filme que aparecesse pela frente. E como era também roteirista, ele mesmo inventava os filmes a partir de títulos como *O Levante das Saias*, coisas assim. Ele me escrevia muito. Era um poeta. Infelizmente, morreu muito cedo, do coração.

O Roberto insistia com o Macedo para mixar os filmes na Vera Cruz porque no Rio podiam trabalhar apenas com duas trilhas. Daí, eu vim pra

Vera Cruz, já na fase de aluguel dos estúdios, e como lá se guardavam anéis de ruído para fazer o *background* de qualquer cena: chuva, trânsito, desastre; eu pude fazer uma sonorização boa para *Alegria de Viver*, assim como de todos os filmes que montei no Rio.

Havia no filme uma briga numa pensão onde os artistas moravam, com o Trio Iraquitã. Numa certa altura, o Edinho, que era muito engraçado, corria para o telefone e colocava o fone como um bigode, fazendo micagens como os irmãos Marx e, então, eu coloquei o *trimm* do telefone.

Meu Deus, quando veio a cópia que eles assistiram na projeção, foi uma surpresa, uma alegria, *o trim do telefone*. Um deslumbramento porque eles nunca pensaram que o telefone fosse tocar. Porque mesmo que eles simulassem com seus recursos, o telefone assim como o despertador e outros ruídos de objetos vibráteis distorcem tudo que existe. Se puser em cima de uma mesa que tem gaveta, faz eco nas gavetas, se põe na pedra não soa bem. Precisa ser feito separado. Não pode ser gravado na trilha de som.

Em outra cena, havia uma briga e prepararam em gesso uma garrafa para a Eliana acertar uma garrafada na cabeça de um malandro. O que eu fiz? Eu procurei um som de desastre, destaquei o trecho do vidro quebrando e sincronizei com a garrafada. Foi outro caso, porque se percebia que era mesmo som de vidro!! Eles não tinham técnica e, porque não tinham técnica, não usavam.

Eu não acho que isso foi uma contribuição ao cinema nacional, mas eu doei e tirei o que eu podia dessa experiência. O Watson Macedo colocou o meu nome nos créditos, mas nunca como montador. Eu constava como coordenador. Para ele eu não era montador. Não tive o crédito de montador em nenhum filme, assim o montador era ele!

Eles tinham uma maneira muito econômica de fazer a cenografia. Macedo era capaz de compor um castelo com chita. O oposto da Vera Cruz, em que a Tônia Carrero em *Apassionata* quase se afunda com o peso do castiçal de prata que carregou para filmar uma cena!

O que me danava lá foi a minha descoberta da paródia que eles executavam com tudo e por tudo dos filmes estrangeiros. Então com *Modelos* (Cover Girl*)* da Rita Hayworth filme em que ela corre numa plataforma em espiral e chega perto da câmera que está baixa, faz um rodopio e cria uma outra imagem, aqui foi convertido num número da Eliana cantando e dançando *Os Quindins de Yayá*. Mas a rampa no estúdio pequeno era tão inclinada que as bailarinas perdiam o equilíbrio, se amontoavam, tropeçavam, quase caíam exigindo várias repetições. Foi engraçado! Eles se esfalfavam para conseguir os efeitos. Pelo megafone, a gente ouvia a exasperação do *coreógrafo* Macedo.

O filme *Alegria de Viver* tem um número que é capital como filmagem de cinema: o Macedo fez uma rua em cenário circular, pôs a grua no meio e focalizou a Eliana com o Trio Iraquitã que vêm cantando alegres o Hino ao Músico. E eles não param de cantar porque é um circulo. Mas a gente vê o cenário mexendo dentro do estúdio. Silhuetas de edifício com quadradinhos de luz acesa. Era assim rudimentar e era uma beleza.

Uma vez o Macedo ficou muito zangado comigo. Ele chegou eufórico com o copião e mandou que eu colocasse ao final *salve o músico brasileiro* um efeito. Queria um *vummmm*. E eu perguntei? Mas... quem é que vai fazer o *vummmm*? Ele formalizava o som da imagem fechando, escurecendo. Não era simples assim. Eu estava colocando a ele um limite técnico. Satisfazia a si mesmo com a frase: *não dá para explicar*, mas com inflexão e expressão de algo inexplicável, especial, inatingível, que eu deveria buscar decifrar para não ser devorado pela Esfinge.

Havia, entretanto, lá, uma coisa que me incomodava. N´*A Baronesa Transviada* eles caçoavam do

Franco Zampari que consideravam um produtor italiano, e não nacional, porque na verdade, eles acreditavam que produtores de cinema brasileiro eram eles! Assim o produtor de cinema nacional paulista para eles era o Zeloni (Otelo) que falava italianado, ou qualquer outra pessoa com essas características. Faziam assim para caçoar do Dr. Franco que fazia, segundo eles, filmes que fracassavam, porque os filmes deles é que sempre foram êxito.

Se eles caçoavam do Franco Zampari, não é porque ele não fosse um bom produtor, mas é porque eles se achavam gênios porque tinham bilheteria. Mas, na verdade, eles seguiam apenas padrões de retorno seguro de bilheteria. Por exemplo: os atores falavam de um jeito muito empertigado e teatral ou com micagens e trejeitos. Grande Otelo, que era um grande artista, era reduzido a fazer bicão: aquele gesto característico com a boca. E isso na verdade não era cinematográfico. Eles faziam como no teatro: as sacudidas, as caretas, os olhares muito óbvios, os truques de palco. E eu acho que isso é uma concepção do cinema tão deletéria quanto aqueles que queriam fazer nacionalismo e depois radicalizaram o nacionalismo como no *Caiçara*, só nordeste, só baianos, ou o sul.

Não gostei muito da minha estada no Rio além de algumas amizades com os irmãos Farias e

Comemoração do término das filmagens de A Baroneza Transviada de Watson Macedo nos Estúdios da Brasil Vita Filmes. Da esquerda para a direita Elias de Souza, pai da atriz Eliana e gerente de produção; Eolo Moura, o cenógrafo; Ismar Porto, assistente de direção e roteirista; Mauro Alice e abaixo Raimundo Campesato, maquiador. 1957

o próprio Watson Macedo. Quando eu voltei, eu senti que eu tinha mudado a minha visão de ritmo e do próprio peso, quando é mais leve e mais livre. Não que o Macedo tivesse isso, pois ele costumava montar o filme de maneira muito acadêmica: um plano geral mostrava o ambiente, um plano próximo as pessoas falavam, depois tornava a aproximar para salientar os personagens todos e depois a cena desaparecia. E esse corte de pessoa pra pessoa – ele e ela, pai e filho, planos isolados – era quase no tempo de uma frase. É como se ele repetisse aquilo que ele via no cinema com uma luzinha acendendo e apagando – ou seja, os subtítulos. Isso era tão comum, e no Rio naquela época, achavam que ritmo era fazer aquele pisca-pisca e nisso eu aprendi um novo conceito de pergunta e resposta ou campo e contracampo. Eles precisavam disso para que o filme fosse leve e isso era muito diferente do que eu via em geral. Por outro lado eles achavam que isso era como o filme americano, não só o tom do preto e branco que era cinza e branco-bem cinza no filme cômico – mas era uma coisa muito saltitante, carioca, mas que era americana. Copiava-se o número musical, o cenário de época, parafraseava os títulos de êxito – *A Condessa Descalça* virava *A Baronesa Transviada*. E na verdade não era paródia como na Atlântida, era só aproveitando o título. E a Eliana parecia a Debbie Reynolds, imitando a maquiagem.

Toda essa experiência mudou a minha montagem. Quando fui fazer o filme do Mazzaropi estava mais próximo do corte imediatista, de apelo, do que o corte mais pensado, mais pesado que eu aprendi na Vera Cruz. O material produzido no Rio ditava isso, eu não podia escapar. Quanto ao roteiro, diziam que era feito nas coxas. Ocorre que o Ismar (Porto) tinha que escrever o roteiro e os diálogos na hora da filmagem e não tinha mesa, então ele fazia mesmo sobre as pernas!! E eles davam o roteiro também para o Alinor Azevedo *piar*. Ele devia transformar diálogos e informação em piada – piava. Deixava que o filme ficasse pioso.

Muitas vezes o Ismar vinha à sala de montagem, onde eu estava, para escrever. Mas eles tinham também coisas programadas – figuração, figurino, cenário, equipamento. Eu nunca entendi, era uma questão de encarar a criação, o filme mesmo e não o fato de filmar. Parece que existia uma mística em torno do fato de filmar e não em torno de filmes. Filmar era sagrado, misterioso, coisa de pessoas especiais, mas o filme parece que ficava em segundo plano.

O escopo era o êxito de bilheteria. Esse ponto de partida sincero ou camuflado, eu não tinha encontrado aqui na Vera Cruz. Mazzaropi falava em *meu público*, algo que pertencia a ele e que ele tinha que cuidar. Nem ele falava na bilheteria, e disso, os cariocas se vangloriavam. Para esse pessoal, o cinema em São Paulo era caipira. E havia outras brincadeiras: o Mazzaropi fez *Candinho* e no Rio o Burle no filme *Depois eu Conto* inseriu um mordomo muito efeminado – daqueles com comportamento de teatro de revista – que se chamava justamente Candinho. Edgar Brasil, que era unha e carne do Macedo, filmou *Candinho* e deve ter contado mil histórias de bastidores, daí eles terem fundamentos e coragem de abordar o *Candinho* que teve muito sucesso comercial. Esse filme não salvou a Vera Cruz, mas salvou muita gente que estava sem salário. Ridicularizaram *Candinho*, e quando eu disse que tinha montado o filme, eles caíram na gargalhada.

Capítulo V

O Incêndio no Estúdio da Brasil Vita Filmes

Uma lembrança que eu guardo do Rio daquele tempo foi o incêndio na Brasil Vita Filmes da Carmem Santos, em 1957, onde naquele momento estava instalada a produtora do Macedo. O fogo não foi nos estúdios, mas no depósito, onde estavam guardados os filmes da produtora, como *Inconfidência Mineira* da Carmem Santos e os filmes do Humberto Mauro, *Cidade Mulher* e *Favela dos Meus Amores*.

Estavam filmando *A Baronesa Transviada* do Watson Macedo. Havia o estúdio, a sala de montagem. Na frente deles, havia uma construção de cimento e perto do telhado buracos como respiradouro. Eu estava trabalhando na sala de montagem e de repente vi um moço que fazia sinais em direção ao respiradouro, eu vi que dos buracos saía uma fumacinha. Corri e avisei o Macedo no estúdio. Quando eu voltei para a sala de montagem, ouvi uma explosão gigantesca – a porta do depósito de filmes, de ferro pesado, se abriu e saiu uma língua de fogo tão brilhante quanto o sol. Era filme pegando fogo e as latas estouravam e o calor era tão grande que pôs fogo nas bananeiras ao lado. E no meio disso tudo, como estavam filmando uma última cena de carnaval, todo mundo fantasiado foi saindo do estúdio e se concentrando fora para ajudar a apagar o fogo e salvar as latas acumuladas nas prateleiras.

Quando eu vi aquilo, corri e fechei a janela da sala de montagem para o fogo não entrar. Era um fogo tão brilhante...E o Macedo naquele desespero. Era excesso de calor de um verão muito forte, e aqueles filmes todos concentrados num depósito corriam esse risco.

Ao mesmo tempo parecia uma comédia. Toda aquela gente fantasiada de baiana, bailarina, dominó, pierrô correndo do fogo, ajudando com os baldes, carregando água de um laguinho que fora feito em frente justamente para esfriar o ambiente! A única pessoa com cabeça fria e raciocínio ativo era a especialista em vilã, tentadora, falsa. Foi ela que entrou no laguinho e organizou a corrente dos figurantes que passavam os baldes para jogar água no fogo nas venezianas e portas. Ela era assim. Organizou um sistema de apoio e ajuda a bailarinas e coristas, para suplantar-lhes a penúria e evitar ensaiarem à tarde, gravarem ou dar show à noite e ainda precisarem fazer programas na madrugada. Uma espécie de sindicato de ajuda mútua. Ela se chamava Zakia Jorge. Sempre me lembro dela se esfalfando no meio do tanque, sem perder o ar severo de uma causa com causa. Zakia Jorge. ou Zaquia Jorge – alguém mais se lembra dela? Que lembrem aqui. Depois, tive que guardar a latarada toda no devido lugar, e pronto.

Cena de Ravina, de Rubem Biáfora. Da esquerda para a direita: Mário Sérgio, Eliane Lage, Pedro Paulo Hatheyer e Victor Merinow. Livro História Visual do Cinema Brasileiro

Capítulo VI

De Volta à Velha Casa

Depois disso tudo, quando eu vim mixar em São Paulo *A Baronesa Transviada* o meu último filme carioca, o Flávio Tambelini me chamou para fazer *Ravina* com o Rubem Biáfora, de novo, nos estúdios da Vera Cruz, na Brasil Filmes. Eu voltei para São Paulo feliz da vida, mas continuei a minha amizade com o Roberto, Riva e o Ismar. Voltar foi uma sensação muito boa, pois encontrei muita gente com quem eu me afinava.

Fui trabalhar com o Biáfora que eu já conhecia do célebre 'Costa de Ouro', na praça Dom José Gaspar, uma lanchonete, próxima ao Museu de Arte, onde críticos e técnicos se reuniam. Biáfora trabalhava no *Estadão*, a redação ali perto e sempre procurava saber do que ocorria no cinema brasileiro. Ele queria saber se o bom nível se mantinha, pois, para ele, o bom cinema era o francês e o americano que ele valorizava muito pela bilheteria e pelo conteúdo, mas também por algo que ele via que faltava muito por aqui, a estética. Essa estética era algo que se contrapunha ao nacionalismo vigente que confundia expressão nacional com certa grossura, falta de modos, vulgaridade, mulheres rebolativas, por exemplo.

Isso era muito comum no Rio. E gente como o Biáfora, o Zé Júlio Spiewak, o Khouri e o Tambelini eram contra. Movimentos tão importantes como o Cinema Novo pecaram por se submeter ou ter se originado desse tipo de mentalidade. Isso na verdade não era natural, parece que queriam institucionalizar valores que eram menores.

Durante as filmagens, em São Bernardo, o Biáfora alugou um quarto na minha casa, e foram noites de muita conversa. Muito cinema. Lembrava-me as sensações que eu tinha conversando com minha irmã sobre cinema, O Biáfora se identificava com aquilo. Era muito interessante. Foi muito forte e havia uma grande identidade entre nós. Além disso, eu gostava muito do filme. O tema, que envolvia a história de uma mulher em Curitiba, no século XIX, a abordagem mais européia, os tempos longos, uma atmosfera misteriosa, intimista.

Ravina era um filme expressionista e o Biáfora queria lentidão. Contava a história de uma moça de família aristocrática, Ravina (Eliane Lage), que perdia o seu noivo, um engenheiro. Quando ela descobre que a culpa do acidente com o noivo era do primo empobrecido e do novo pretendente a dono da propriedade, para deixá-la só, sem apoio contra eles, ela resolve vingar-se, acionando os mesmos esquemas deles. Mas se perde na farândola de ódios e cobiça.

Lida Sobolewsky, assistente de montagem de Ravina, de Rubem Biafora. Vera Cruz, julho de 1958

Biáfora queria desconvencionalizar a história, entrar dentro dos personagens, fazer que se relacionassem nessa atmosfera, com tensões, conceitos, preconceitos. E passar isso tudo era muito difícil. Ele era praticamente um iniciante e eu também. Eu gostava da história, da ambientação. A cenografia parecia de faroeste, mas tinha detalhes muito vivenciados por ele e por mim, já que o filme se passava em Curitiba, em meados no século XIX.

Mas eu não podia fazer nada, eu não sabia manejar o ritmo lento da cena. Ele não deixava eu cortar, mas por vezes, quando eu cortava, ele gostava. Apesar disso, no dia seguinte, me mandava devolver o que eu tinha tirado. Ele achava que precisava de tudo. Não era a voz do filme, mas a voz do diretor com o seu travesseiro ou com princípios alheios ao produto que comandava. Daí continuava sobrando. Isso eu condeno: não deixar na montagem que o filme diga aquilo que ele quer. O resultado é uma coisa como que alheia ao próprio filme. O filme teve muitos acidentes determinados pelas variações do humor dele. Depois ele foi melhor.

Apesar disso, eu tive uma grande satisfação de fazer *Ravina*. Era o tipo de produção, de abordagem e elementos com os quais eu gosto de trabalhar. O clima dos personagens tinha fundamento nos dramalhões do passado: Ravina se achava herdeira do pecado da mãe, uma problemática intimista. Não era um filme intimista, mas era a problemática que filmes intimistas abordam, que eu gostava.

Os personagens masculinos eram movidos por notas de caráter muito reconhecíveis. O Sérgio Hingst era como a Ravina em homem. Ele sonhava em ter alguma coisa. Havia duas pessoas muito significativas para a história social da época. Na família rica, o primo da Ravina que foi gastar dinheiro na Europa e voltando pobre, quis tirar tudo o que Ravina tinha. Para isso procura aproximá-la de um homem que estava subindo na vida, um grande industrial em ascensão. Essa definição que não está na ação dos personagens quando se relacionam, e que está atrás, em ebulição, é o que eu gosto na história. Ela não conta, mas se vê. Isso começa com o nome da personagem – Ravina, dado pela mãe. Ela considerava que a filha tinha vindo para arruinar sua vida, era uma ravina. O nome sugere:

Até meu nome sugeria – não sei o que trago em mim, essas ravinas a água leva. Mas essa mesma água fertiliza, ela dizia.

Era um filme muito dialogado. E é tão difícil tirar um diálogo literário que deve ser preservado acima de tudo. Uma mulher cheia de problemas que arrastava seus andrajos, as crianças caçoando dela. O filme tinha temas muitos demarcados, era quase como uma ópera de Wagner. E bem separado deles, o mundo da casa em que ela vivia. Ela tem um romancinho com o engenheiro e o mundo externo cai sobre ela, o que correspondia ao que acontecia dos anos 50 para cá. O mundo real é uma coisa, para nós que vivemos na era industrial, suas ofertas que o dinheiro pode dar: passeios, saborear coisas exóticas, viajar. Tudo isso é muito chamativo...

Eu gosto muito de trabalhar em filmes com essa sensibilidade, sensibilidade que eu vou encontrar de novo no Khouri.

Por outro lado, houve problemas com a Eliane Lage. Havia quem considerasse que ela não era boa atriz, que não tinha boa entonação. Então se resolveu dublá-la com a Natália Timberg. O resultado é que do ponto de vista da dublagem, do sincronismo, estava perfeito, mas era claro que aquela voz não combinava com aquela imagem. Daí o Biáfora começou a ver problemas na Natália. Apesar de todo o trabalho quase pronto, havia uma indisposição da Eliane Lage com o filme, o papel, sei lá. A correção da Natália era boa, mas acabou-se usando o som direto e em outras partes, sobretudo quando o personagem pediu um certo diabolismo, expressões vocais e garga-lhadas, eu queria a Natália. Mas era impossível conjugar as duas vozes. Todos os responsáveis pelo som ficaram contra a minha idéia de colo-car as duas, só mantendo a Natália nas ênfases, gargalhadas que acabaram ficando, porque eu teimei, teimei e ficou. O Ernest Magassy, um antigo técnico de som da Vera Cruz e responsável pelo som, acabou concordando.

Por outro lado, o público em geral não pegou o sentido geral da história que era da Aurora Duarte, uma poeta. Quando estreou, o filme foi recebido de uma maneira estranha. Havia aqueles que gostaram muito e os que não gos-taram nem um pouco. Havia também aqueles que aplaudiram e depois se bandearam.

Gostaria de narrar aqui um episódio que me decompôs a cuca. Depois de *Ravina*, trabalhei num filme e tive contato com um jovem estu-dante de Ciências Sociais, a quem ensinei colar, e ele usava a minha sala e os meus pertences para recuperar, de velhas trilhas, o silêncio e o magnético, para um produtor reutilizá-los. Como trabalhávamos na mesma sala que fora de *Ravina*, a menção a este filme foi automática. Notei, porém, que ele sorriu enigmaticamente e baixou a cabeça sobre a coladeira. Num ou-tro dia, aconteceu algo semelhante, mas ele segurou o risinho fazendo um bico, de clara intenção de segurar o riso.

Uma outra vez surgiu *Ravina* no pedaço, e meu comentário de pesar pelo fragoroso fracasso. Nesta vez, ele sorriu condescendente, mostrando que se controlava para não rir. Numa outra vez, para exemplificar uma resposta minha a uma pergunta dele, comentei a falta de entendimento que *Ravina* trazia, e o quanto eram lamentáveis as gargalhadas que espoucavam nas salas de exibição, por motivos inexplicáveis. Nesta vez, ele simplesmente baixou a cabeça sobre o trabalho. Não agüentei. Usei um pouco de intimidade que a profissão e o contato já tinham formado, e perguntei claramente o que acontecia. Ele apenas me contou que, na Universidade onde ele estudava, formara-se um grupo em que professores induziam o pensamento político e a ação política. Um dos alvos desta ação era denegrir o jornal *Estadão* juntamente com o obstáculo Biáfora, acachapar o filme deste e, por extensão, a todo o cinema que não pautasse pelas diretrizes do grupo.

O programa era o seguinte: 3 ou 4 grupos de 2 alunos ganhavam entrada para assistirem *Ravina* em um cinema, em mais de 1 cinema por dia. Cada grupo sentava em lugares dispersos na sala, e a cada momento de interesse no filme, eles caíam na gargalhada. Um grupo começava, os outros passavam a segui-los. Em breve, a parca assistência na platéia estava rindo também. Antes que acabasse o filme, os apupos e caçoadas eram generalizados. Estes eram os sinais da falta de comunicação ou desinteresse que *Ravina*, no seu doloroso fracasso, ostentava. Era preparado.

Mauro bate a claquete na filmagem de Jeca Tatu da PAM que estava sendo rodado nos Estúdios da Vera Cruz. 1960

Capítulo VII

Mazzaropi

Dentro do panorama da produção dos anos 50/60, Mazzaropi, para nós trabalhadores, era um caso à parte. Dizem que ele era pão-duro, eu acho que ele era econômico. É lendário o pão-durismo dele, diziam que ele juntava pregos que caíam na montagem dos cenários. É que a turma jamais economizou, nem nos pregos. Era uma barbaridade o descaso com o material de trabalho. Mas com Mazzaropi, o dinheiro era particular dele, não era de investidores, de amigos milionários, era dinheiro ganhado no Circo!! Na verdade, ele não pagava salários exorbitantes, nunca. Por outro lado, o Mazzaropi, uma semana depois que acabava o filme, eu fazia o *trailer*, ele aprovava, a cópia do filme ficava pronta, projeção aprovada ou não, uma semana depois eu e toda a equipe estávamos recebendo. E isso não era comum. Eu tive filmes cujo produtor morreu e não me pagou. Ou chorava e entrava em entendimentos comigo, fazia pacote, enganchava um projeto no outro e não pagava nem um nem outro. Foram poucas as vezes em que eu não fui pago, mas com ele não falhava. Era em duas parcelas. Esse era um fato bem interessante.

O outro é que ele era afeiçoado às pessoas com quem trabalhava. Assim, se gostava, ele repetia. Dessa forma, tínhamos um filme por ano seguro, não precisava correr atrás, competir. Mesmo quando degringolou a organização dele por doença ou descaso – pois me parece que ele se conscientizou mais do que devia, de que o nome dele escrito vendia mais do que qualquer produto, então havia um descaso – desde que ele preenchesse a lacuna da exibição começou a descuidar bastante da produção. Eu tive a sorte de trabalhar com ele quando estava ainda imbuído de fazer da PAM Filmes (Produções Amacio Mazzaropi), uma sucursal ou variante da Vera Cruz, ainda que de forma bastante diferente.

Ele fazia os melodramas de circo, dramas populares portugueses adaptados ao Brasil, a história do mocinho da lavoura que se apaixonava pela filha do patrão e era escorraçado ou ela era escorraçada pelo pai, ou o filho do patrão se apaixonava pela moça pobre. Depois ele descobriu o filão de ser ele um homem casado e já ter filho e o filho dele era roubado, desaparecia, enfrentava uma onça, coisas assim, entremeado de lances. Ele sabia fazer, tudo na base do teatro popular mesmo.

Alguém já disse que existem duas narrativas fundamentais. No teatro popular os conflitos são tão necessários que não têm facetas, têm revestimentos diferentes, mas os conflitos eram, em seus filmes, sempre os mesmos. E ele sabia disso pela sua experiência no circo, no Pavilhão como ele chamava – o cômico, o pai e a mãe. E ele transportou para o cinema. No *Chofer de Praça* (primeiro filme da PAM) era a ingratidão do filho. Ele era motorista de táxi, retomando o seu papel inaugurado e já consagrado com *Sai da Frente* do Abílio Pereira de Almeida e outros. Ele pegou essa figura urbana popular, chofer de caminhão de mudança, morador de cortiço. Nesse filme o pai, chofer de praça, fazia de tudo para o filho se formar em medicina. No dia da formatura, vestido meio ridículo, ele é barrado, pois o filho não deixou convite para ele, com vergonha dos colegas. Esse *plot* é muito típico. Exemplos da vivência do grupo social a que estava ligado, grupo à parte, não era classe alta, baixa, média.

Uma história pessoal. O Mazzaropi passou a adolescência em Curitiba, pois seu pai era de lá. Ele viveu na casa da avó. Os fundos davam para a casa de um tio meu e as duas famílias se conheceram. Mazzaropi e a mãe tinham a mítica de Curitiba e iam bastante para lá. Ele conhecia meu tio Henrique que tinha cinemas e distribuía filmes, e exibia a produção da PAM, e era freqüente o Mazza acompanhar o lançamento do filme por lá. Numa ocasião dessas, o meu pai foi conversar com ele e lhe pediu que me dissesse para eu escrever mais cartas para a família. Eu não sabia de nada disto. Um dia o Mazzaropi me chamou. Ele me passou um pito enorme:

Por que você não escreve para o seu pai?

Mas eles nunca me escrevem!

Mas você é que é o filho, você é quem tem que escrever.

Ele fez um drama tal que depois eu comecei a rir. Porque era o Mazzaropi. Eu não conseguia levar a sério aquela situação. Meu pai foi falar com o produtor dos filmes para me dizer que eu escrevesse. Era a mentalidade do meu pai, ingênuo e simplório tal qual o Mazzaropi. Ele nunca me deu bronca em atraso no serviço, atraso na presença, como funcionário, jamais! Isso estava dentro dele, Mazzaropi.

Ele conhecia muitas dessas histórias que contavam para a mãe dele ou para ele mesmo, ou que vivenciou com empregados próximos: a mulher que chorava a ingratidão do filho, ou porque o marido arrumou uma amante e não dava dinheiro para casa, ou foi embora, ou a mulher que largou o marido. Ele sempre fazia esses pequenos grandes conflitos. Era assim que ele temperava a comicidade vulgar.

Na televisão, ficou conhecido como o rei do duplo sentido. Com a maior cara-de-pau, ele não dizia nada de malicioso. Ele apenas dava margem a aflorar a malícia da platéia. O grau de dramalhão fácil era o que temperava a comicidade igualmente fácil, mas que é difícil ser mantido numa carreira muito longa, vinda de diversos estágios. Com isso também, com essa moral de *escreva para o teu pai*, ele tinha a moral *pague na hora*, pague para o teu empregado. É flagrante que contrapõe, na sua raiz, o pão-durismo dele. Ele batalhou e continuou batalhando.

Mais tarde, ele ficou furioso com a Embrafilme, que havia instituído um prêmio para os curtas-metragistas, uma porcentagem sobre a bilheteria dos filmes de longa-metragem que o curta acompanhasse. Ele fazia um filme por ano e tinha que dar 5% da bilheteria para alguém que ele não conhecia, que não tinha trabalhado no filme que tinha levado aquele povão todo. E depois ele ficou ainda mais zangado quando a Embrafilme escolhia os filmes – como *Couro de Gato* ou outros do Cinema Novo. Então ele começou a aumentar os números musicais, colocou a Elza Soares, Lana Bittencourt, cantoras que não tinham muito a ver com o filme, bailados, para não sobrar tempo para exibir o curta-metragem.

- *Fala pro Mauro pra não encurtar o filme.*

Ele me mandava bilhetinhos: *Não encurte a caminhada*. Ele tinha o grande trunfo que era a maneira de caminhar, especialmente quando ele estava carregando o guarda-chuva.

Isso caracteriza alguns dos enfrentamentos que ele levou adiante solitário – já que não pertencia a nenhum grupo, associação ou sindicato para enfrentar situações que seriam injustas para com ele, frente à Embrafilme e a grupos de produtores e diretores que ela privilegiava. Ele detinha quase todos os poderes que um produtor de cinema possui: ele tinha distribuidora, a produtora, era dono do roteiro e era o ator principal. Todos os aspectos da produção ele detinha nas mãos e, além disso, tinha muito que defender. São facetas muito importantes da carreira dele

Em 1956, trabalhei n´O *Gato de Madame* que era ainda da Vera Cruz, mas com o novo nome – Brasil Filmes. Era feito com elementos contratados de fora do esquemão. Eu ainda estava lá, era um assalariado, mas estava aborrecido com as mudanças da Vera Cruz, com a perda de autoridade dos grandes técnicos que estavam indo embora. Só ficou o Chick Fowley. Assim, eu era dono da bola. O diretor do filme, Agostinho Martins Pereira, escolheu um montador, o Lúcio Braun, que tinha trabalhado com ele na Multifilmes, em *A Carrocinha*, mas ele era um desastre tão grande!! O que ele montava numa sala eu tinha que remendar na outra. Ele veio com *a linguagem do comercial*. Isso pode acontecer com qualquer um...

Mazzaropi, nesse filme, encontra no Museu do Ipiranga retratos de D. Pedro I e D. Pedro II, só que na imagem oficial o D. Pedro II que é o filho, parece muito mais velho que o Pedro I que é o seu pai. Então ele conversa com os retratos e a Marquesa dos Santos, que era a Odette Lara, a Madame, tinha um gato. A cena foi feita de tal forma que eram os atores que compunham os quadros dentro da moldura. Só que eles não podiam balançar, porque isso criaria problemas com o quadro. Então o Lúcio Braun fazia umas tiquinhas, uns arranjos para ocultar os possíveis erros. Só que, dessa forma, não se via a coisa primordial que era a comparação entre o velho e o jovem Pedro I e II, com quem o Mazzaropi conversava em pessoa. Não era cinematográfico. Então eu tinha que fazer remendos, alongar o comprimento.

Nesse filme se começou a mania de trabalhar com uma trilha provisória. O Mazzaropi andava ao som de tambores do filme *Apassionata*, de um desfile de meninos de colégio. Daí, ao assistir o copião, se ria da besteira, porque se reconhecia a origem dos tambores, entre outras coisas. Eu também fiz das minhas com um tiro de canhão. No museu o Mazzaropi puxava a cordinha de um canhão pra dar um tiro, mas o som não saía na hora. Daí eu inventei a gravação de um rojão ao contrário. Eu fazia a trilha cobrir a demora com comicidade para evitar corrigir os erros e filmar de novo. Como o som era ótico eu podia colar ao contrário, e eu fiz isso e deu certo, pois a ação era demorada.

Acontece que isso eram colagens e quando veio a música definitiva, pronta, não era um tambor. Não lembro se o Enrico Simonetti, o maestro italiano trabalhando no Brasil na época, fez uma trilha aproveitando a idéia. Mas o filme, o andamento do filme ficou prejudicado com a nova música que não era tão engraçada e provocante.

Outro dia revi o filme na televisão. Uma cópia miserável embora tenha sido um filme bem caprichado. Comecei a observar os meus cortes, lembrando que o diretor havia dito na época que eu cortava como o Hafenrichter, ou seja, abreviava muito. A revisão acusou ainda uma sobra grande em cenas, sobras que foram deixadas, justamente porque eles diziam que o público gostava muito dos trejeitos do Mazzaropi. Ao contrário, a cena já tinha acabado e ele ainda esboçava uma reação para passar o interesse para o plano seguinte, que encerrava a seqüência. Ele se levanta, sai de quadro (porque fica engraçado o jeito de sair), entra no outro quadro, cruza com outra pessoa que faz ele dizer a frase do 2º encerramento da situação. Se fosse o Hafenrichter, ele cortava todas as reiterações, mas no meu caso, o diretor – o Agostinho Martins Pereira, da Brasil Filmes, não deixou cortar. Eu senti que dava para fazer um corte melhor, mais sugestivo, inteligente. Não era preciso reiterar o andar, só para o público rir. Ele rirá com outra graça que vai surgir na frente. Ou caretas excessivas puxando as graças ao máximo, eram desnecessárias.

A gente tem um pouco esses pequenos sofrimentos. Dizer que passaram, não passaram porque ao mencioná-los eu percebo que foi como se tivessem me agredido ontem, pois eu sabia que podia fazer melhor, mas acabava fazendo de outro jeito por imposição de uma razão que não é do próprio filme.

Jeca Tatu foi o primeiro filme do Mazzaropi que eu montei na PAM Filmes. Isso foi em 1960. Mazzaropi seguia o paradigma da Vera Cruz na preocupação com os equipamentos, e fazia derivados da Vera Cruz. O Milton Amaral, que dirigiu o filme, foi também assistente de direção do *Ravina*. Creio que o Mazzaropi já conhecia o Milton, então o contratou para dirigir esse filme e também o Icsey, que fazia uma fotografia mágica. Nunca mais encontrei figuras no cinema em que o olho tinha vida própria, em que o globo ocular – especialmente nos planos próximos – era globo ocular, essa massa luminosa, a pele dos personagens, incrível. N´A *Garganta do Diabo* do Khouri a luz dele batia no ombro da Odete Lara e resplandecia. Nem a Eliane Lage, fotografada pelo Chick Fowle, tinha essa resplandecência. Era demais, cristal, vidro, era uma coisa natural dele. A medida da luz que ele usava devia criar o efeito e, além disso, havia também uma curiosidade sobre esses aspectos, não só sobre a forma. Não é a realidade, é parte da expressão e do significado. E com esse dom, era muito econômico na iluminação e tinha o dom da paisagem, de curiosidade européia. Ela amava a luz do Brasil porque a da Europa não é assim.

O filme não tinha muita produção, o elenco cabia nos papéis de acordo com a experiência de circo do Mazzaropi. Não eram escolhidos de acordo com o personagem que fariam; eram, antes, pessoas que se afinavam com ele. E o filme ganhou com a fluidez que o Icsey trouxe às paisagens a céu aberto, do interior de São Paulo. Mazzaropi usa Monteiro Lobato. Ele estava procurando consolidar um ideário próprio para crianças que já eram também adultos na época, numa figura em que ele se integrasse mais, como a do Jeca, que vinha da literatura e que tinha, ao mesmo tempo, penetração no mundo infantil.

O filme usou muita locação. Ele sempre pôs muita paisagem e o Icsey valorizava esse aspecto. No *Candinho*, por exemplo, a fotografia do Edgar Brazil também era paisagística, ele tinha o Humberto Mauro como parâmetro. Mas aqui era outra coisa. Era uma fotografia que foi tomando cada vez mais os ares de uma folhinha, um antigo calendário, especialmente nos filmes coloridos, de um gosto muito popular, de cores vermelhas, pôr-do-sol, floresta pegando fogo, um regato... Ele tinha essa tônica. Não fazia apenas parte da sua cultura e estética, mas que ele usava como um veículo para falar às pessoas iguais a ele. Não era o nacionalismo, mas a convivência. No *Jeca*, por um momento, ele convivia com o público e ele não era o Candinho, o Cândido de Voltaire, ele não era o motorista de praça, figura popular do cortiço de *Sai da Frente*. Ele era alguma coisa que tinha sido explorada por outro e o estudo peneirado passou para ele dessa forma – além do Genésio Arruda, e o poeta Herculano Pires.

Assim, ele incorporou toda aquela tradição. Nunca se viu um caipira como aquele e, no entanto, todo mundo reconhecia nele o protótipo do caipira.

Quando Mazzaropi está ficando conhecido, é o momento em que, no Rio, Oscarito e Grande Otelo compunham o protótipo do malandro que era também incorporado por atores e autores dramáticos como Jece Valadão e Nelson Rodrigues. Enquanto Oscarito e Grande Otelo estavam cansando e se esgotando e não tiveram sobrevida, já que era um humor muito caricato, o Mazzaropi permaneceu como tipo. E quando ele começou a envelhecer, e ficou mais pesado, mudou as histórias – incorporou o papel de pai. Acentuou o delineador de olhos, coisa que sempre fez – no circo, no palco, na luz difusa da TV - para salientar a fisionomia sobre os traços pouco harmônicos. Depois fez aquela plástica horrorosa. Mas ele soube manejar bem o tipo que criou. O *Jeca Tatu* tem a chave de uma porta que eu não sei quem entrou, mas é um charme esse filme, pela mítica que o Mazzaropi construiu no cinema.

Além disso, o Milton Amaral era muito cuidadoso com a linguagem. Tinha planos de montagem e continuidade. Na verdade, ele era mais um assistente do que um diretor, então ele mandava bastantes planos, mais breves ou mais longos. Era uma conquista para o filme barato. Eu podia inventar, podia observar, emocionar com a música. Eu podia fazer uma porção de *mistérios*.

Tristeza do Jeca de 1961 é um filme onde o filho do Mazzaroppi namora a filha do patrão. O ator era o Francisco de Souza, que se tornou depois um galã que trabalhou inclusive com o Khouri em *O Corpo Ardente*, e a Marlene França, depois Musa, aqui ainda estreante. Esse filme do Mazza tem o ambiente emocional, geográfico, além da colocação social do grupo muito bem definida.

Nesses filmes, ele me dava muita liberdade. Mas, eu precisava encurtar o filme para ficar com 1 hora e 30 minutos. Ele fazia questão dessa duração, pois, como ele era também o distribuidor, as bolsas já estavam todas acertadas para carregar o filme, do contrário ficava ruim para os seus funcionários da distribuidora transportarem.

Com o *Vendedor de Lingüiça*, de 1962, o Glauko Mirko foi o diretor e ele teria gostado de montar o filme também. No entanto, o Mazzaropi, eu creio, não permitiu por respeito a mim, e também por uma questão prática – ele tinha um esquema em que filmava uma cena e já mandava montar. Assim, quando terminava a filmagem, a pré-montagem já estava em andamento, o que não poderia acontecer se o diretor tivesse também que montar.

Logo depois desse filme ele consagrou um outro esquema na direção: ele contratou alguém que fazia a direção técnica e ele se dedicava, e muito, à direção de atores, especialmente com a sua parceira, Geni Prado, que costumeiramente fazia o papel de sua mulher. Eles combinavam muito.

N´*O Puritano da Rua Augusta*, de 1966, ele rompeu com toda a linha e experimentou fazer um homem rico e o seu filho roqueiro, para, assim, entrar no mundo do *rock*, da Jovem Guarda. Ele encheu de cantores como os Jordans, ou a Elza Soares. Mas o filme não foi bem pela direção e pela estrutura. A velocidade não alcançava a história. John Doo, o assistente de direção, e o Mazzaropi não se integraram com a história. Tinha piadas homéricas, mas mesmo assim, não foi bem. Aos jovens de cavanhaque ele chamava de *bodinhos* e aos *playboys*, de *nhôboys*. Ele contratou cantores que atraíam o público, mas alguns números musicais ficaram cansativos. Uma cantoria repetitiva e sem graça.

O que o Mauro fez? Cortou um *rock* ao mínimo, deixou uma vez o estribilho, uma variação e o final, e a apresentação ficou reduzida em 2/3. Daí o empresário do grupo de *rock* se achou prejudicado e quis abrir processo. O Mazzaropi me pediu, então, para eu concordar que ele dissesse que fui eu que cortei, mas que ele não sabia de nada. Eu permiti, uma vez que de mim o empresário não teria nada para tirar!!

Ele fez uma cena de verdadeiro produtor para o empresário, dizendo que os montadores mandam no filme, fazem o que querem:

O montador faz tudo o que quer, se a gente diz alguma coisa, eles fazem cara feia.

Tem que ser cortado como eles querem. Eles só querem é cortar.

Ele fez a mesma coisa com as atrizes que também reclamaram do encurtamento.

É que às vezes, até em patamares diferentes, por interesses diversos, contraditórios, a história se repete.

Capítulo VIII

Lima Barreto, Hipnotizador.

No entremeio dessa década de 50 com tão pouca produção, eu tive contacto mais forte com o Lima Barreto. Ele me chamou para ser assistente de direção de um filme para a Fundação Getúlio Vargas, sobre um processo de identificação da personalidade: *PMK*. Foi Mira y López quem organizou esse processo de investigação da personalidade das pessoas, através de desenhos. Lima sempre foi muito ligado à instrução dessa área, achou que daria um filme interessante. O nome do filme é *PMK*, um curta-metragem em que eu fui até ator. A partir daí, travei conhecimento com ele, que já estava muito afastado do movimento de cinema, mas só falava d´*O Cangaceiro*. Ele ficou preso a´*O Cangaceiro*. Tinha o projeto de fazer *Inocência* e estava prestes a começar uma campanha para levantar dinheiro, creio que o marido da Bibi Ferreira, na época, iria entrar na produção. Segundo Walter Lima Júnior, o roteiro de *Inocência* foi o presente de casamento de Humberto Mauro a Lima Barreto. Mauro havia desenvolvido o roteiro a partir do romance de Taunay, mas não conseguiu filmá-lo, pois Carmen Santos, que encomendou a adaptação, acabou fazendo o filme com Lulu de Barros. Lima alterou a adaptação de Humberto Mauro, mas não chegou a filmá-la. Mais de 20 anos depois, Walter Lima, como forma de ajudar Lima Barreto, no fim de sua vida, comprou o roteiro e fez o filme recuperando a adaptação de Mauro.

Logo depois, ele foi contatado por setores da Igreja, através de um produtor que detinha os direitos de *Nhá Colaquinha Cheia de Graça* de Nair Lacerda, uma crônica que aborda a vocação religiosa. Esse produtor já tinha arregimentado contatos com a Cúria, com o pessoal do Seminário no Ipiranga e outras igrejas e levantou um bom dinheiro para fazer *A Primeira Missa*.

No filme um garoto, que vai virar padre, era influenciado pela religião através do pároco e pelo dogma científico materialista através de um mestre positivista, que era paralítico. Ele transitava entre os dois personagens. No início da vida, a vocação religiosa se manifestou: ele gostava do espetáculo litúrgico. Fingia que rezava missa em casa e ensinava a mãe a escrever, citando dizeres em latim que aprendia com o mestre materialista, mas com gestos de quem reza uma missa. *De gustibus et de coloribus non est disputandum*: sabor e cor não se discutem.

Mas a história só tinha sabor e interesse quando o menino estava em cena. Sem ele, ficavam em

Nas filmagens de A Primeira Missa o diretor Lima Barreto (de cócoras) e Mauro Alice. Maio de 1960

discussões o padre e o mestre, numa inundação de palavrórios. Porque eles realmente discutem questões filosóficas com o menino e, é escusado dizer, no dia da primeira missa do jovem padre, o materialista se comove e dá a entender que assume a sua religiosidade.

Tudo isso era muito enfadonho para o público e quando o filme foi para Cannes, disseram que não era o mesmo Lima Barreto de *O Cangaceiro*. O filme afundou.

Entretanto, anos depois, revi o filme na Cinemateca de Curitiba, exibido lá com grande sucesso. Ninguém achou lento, molengo, enfadonho, e até mesmo mal montado como se achou na época do lançamento, pois, como eu não critiquei os planos, ficou parecendo que eu não montei bem, o que não é verdade. Esse estigma durou um tempão em mim e ao redor de mim, porque, na verdade, o filme era mesmo muito discursivo. Só se gostava mais das partes vivas, com as sapequices do menino.

Por outro lado, há tentativas eisensteinianas: o pai do menino bebeu tanto que caiu no precipício, construído na piscina do estúdio grande da Vera Cruz. O próprio Lima fez o papel. Bebeu tanto no dia da filmagem para acentuar a bebedeira do personagem, que não conseguiu trabalhar bem. A cena ficou ruim. Depois apareceu o velório, tristeza. Acendem-se velas para uma oração. Um menino negro no colo da mãe olha para as velas. A cada lado que ele olha, acende-se uma vela, e vai indo assim sucessivamente. Ao fim, espera-se um clímax depois de tantos olhares. O que acontece, pela circunstância, é um anticlímax. O menino começa a cantar *Parabéns a você* para o morto!

E tinha também que ter enterro. Talvez influência do Cavalcanti, não sei ao certo, mas todo filme dramático tinha que ter enterro. Com Cavalcanti o *Caiçara* tem, o *Terra é Sempre Terra* tem, n'*A Sombra da Outra*, em outros filmes dramáticos do Rio também. O Cavalcanti gostava da morte. N'*A Primeira Missa* o enterro não é muito desenvolvido. O Lima tinha estudado *Viva Villa* e *Viva México*. Ele sempre pontuou, mesmo os curtas, com esses detalhes que não compõem figuras gerais, mas detalhes que compõem uma cena completa. Se uma pessoa corre, *close* no rosto, o peito que arfa, a mão, o pé. O Lima fazia esse tipo de coisa. Ele comentou comigo. Ele exigia isso na tela.

Eu procurava fazer de outra maneira. Se a vela tinha que ser um *flash*, eu fazia duas vezes o comprimento da chama, para que não se entendesse apenas que era antes de tudo uma chama, a da vela para um morto, em lugar de fazer só o ponto de vista do menino (personagem anônimo, secundário), aquilo que ele está vendo. Isso ajudava a ser mais lento, talvez... Eu conseguia que o filme não seguisse estritamente Eisenstein. Pelo menos eu tentava. Entre ires e vires passei 10 meses na montagem do filme, assim como *Ravina*, que foram 12 meses. Com o fracasso financeiro do filme, eu não ganhei o que me foi prometido e devido.

O Lima Barreto, assim como n´*O Cangaceiro*, tinha optado por uma atuação completamente lavada, para se opor à atuação que se dizia *colorida*, que vinha do rádio, onde procuravam os adjetivos e advérbios para fazer acentuações. O Lima cortava tudo isso. Ao contrário, devia ser sem emoção. Não era a interpretação brechtiana, era a russa: atitudes fenomenais, heróicas, estátuas que se moviam. Algo bruto, que vinha de outras artes como a estatuária e o balé, como nos russos. Lima tentava fazer uma interpretação à la russa, parada dentro do quadro, em perfil perfeito, a machado.

N´*O Cangaceiro*, por exemplo, ele, inspirado no chapéu do vaqueiro nordestino, fez as composições do filme triangulares: quando havia um homem no primeiro plano, havia duas cabeças ao fundo, compondo um triangulo. Isso não era comum no cinema americano e muito menos no nosso. O uso do triangulo era muito formal e acabou virando até piada. Saiu n´*O Cruzeiro* uma tira com o Alberto Ruschel e a Marisa Prado olhando de frente para o leitor, repetindo sempre o mesmíssimo quadro na página inteira, porém com textos diferentes no balão de diálogo.

A Primeira Missa não tinha nada disso. Era um tema religioso e filosófico, com observações de comportamento interiorano que não supria o espetáculo cinematográfico. Mas havia coisas muito engraçadas no filme. A vivência na pequena cidade do interior, apresentada na Ótica do menino e as suas peraltices, é ainda lembrada. A revisão me lavou a alma quando eu assisti 20 anos depois, já que na época eu havia ficado muito triste.

Este filme foi filmado em locação num lugar muito lindo chamado Jambeiro.

Um dia quando fui mostrar o copião para o Lima em projeção muda na Casa Paroquial para a gente da equipe, mais o padre e a família do Prefeito, um menino (filho deste) observou:

Mãe, olhe! O seu Lima está vazando!

No meio da projeção, Lima começou a urinar no chão inclinado e tudo correu no cimento até formar uma poça lá embaixo da tela. Ele fez de propósito. Ele adorava essas coisas para aguçar a gente que não protestava, não achava ruim, fingia que não notava – respeitava os respeitáveis.

Eu presenciei coisas. Ele tinha um poder grande de hipnotizar pessoas, alterar a vontade delas apenas com as mãos. Eu vi fazer isso na rua com um desconhecido que, lendo jornal, caminhava a uns dez passos à nossa frente. Lima, para provar o que discorria sobre o poder das mãos, deu algumas das suas largas passadas, braços esticados, aproximou as mãos abertas quase a tocar a nuca do homem. Fez com que o desconhecido desse uma brecada, parasse um instante mínimo e depois retomasse o seu caminho. José Luiz Francunha contou que andava preocupado com a queda de cabelo, e lamuriou para Lima que alguém tinha aconselhado passar gosma de babosa na calva, mas... onde achar babosa aqui em S. Paulo? Só que naquele dia ele tinha visto, na Praça da Bandeira, ao lado do Teatro de Alumínio, uma porção de pés de babosa, e se lamentava com Lima: *Como vou tirar pedaços de babosa dos pés de babosa?* De repente – me contou Zeluiz – eu vi um monte de pedaços de babosa aos meus pés, jogados ali mesmo, na varanda da casa do Lima. E o Lima, depois, me explicou que o Zeluiz é um sensitivo, bastou forçar por hipnose a vontade dele em fazer o que desejava, que ele imediatamente, inconsciente por completo, saiu de casa, cruzou as ruas movimentadas, arrancou sem medo uma braçada de galhos, voltou e depositou tudo aos pés da poltrona na varanda, sentou-se e então acordou.

Lima me assegurou que hipnotizou Blick (Ricardo Campos), o ator para a cena do arrastão em *O Cangaceiro* – para desesperada revolta do ator, que passou o resto dos seu anos vociferando que foi ato de coragem, desprendimento e – é claro – de talento dramático indiscutível.

A Primeira Missa foi um grande fracasso. Foi muito criticado, e não se esperava, pois o público brasileiro é muito católico e tende a ser respeitoso com todas as religiões. Quem viu não gostou. Glauber diz que o filme é acadêmico e eu acho que ele tem razão, mas ele também achava que tudo o que os outros faziam era acadêmicos de um modo geral, porque ele era contra, pois, senão, ele não subsistiria. Mas até os acadêmicos do *Estadão*, o Biáfora e o Almeida Salles, criticaram o filme por seu academismo, quase canônico e dogmático.

Quanto à montagem, no meio cinematográfico havia, eu notava, um certo prazer maldoso, sádico, pelo fracasso de um filme feito com tanto empenho. E quando diziam que a montagem estava lenta é porque esses que criticavam, simplesmente, diziam que não fariam aquele tipo de montagem.

Sempre me perseguiu essa coisa de fazer filme lento e esse filme foi o meu primeiro fracasso, pois *A Primeira Missa* foi o meu filme de maior produção até então, *empafiado*, de significação. Mas apesar disso tudo ganhei o Saci/1962 de montagem, com ele e *Jeca Tatu* do Mazzaropi, a quem dediquei o prêmio publicamente.

Trabalhar com o Lima Barreto me trouxe a experiência da grandiosidade. É quase operístico. No dia em que foi feita a leitura do texto no TBC foi um arraso! Parecia uma obra-prima, mas na verdade não foi o que aconteceu com o filme e o Lima foi se amargurando.

Por outro lado, nesse filme o Lima Barreto ficou zangado comigo. Ele tinha prometido a Araçari de Oliveira, sua ex-mulher, que no primeiro filme que fizesse, ela teria um papel. E a danada representava muito bem, tinha feito *Bahia de Todos os Santos*, *Casa das Tentações* e alguma coisa no teatro.

Acontece que o filme estava muito comprido e eu não podia cortar nenhum momento da missa, por contrato do produtor com os padres. Era a primeira missa de um padre! Então, a sugestão para enxugar o filme era tirar o episódio que o Lima havia criado para a Araçari.

Ela fazia o papel de uma moça que saiu do lugarejo para a cidade grande e se prostituiu, ficou tuberculosa e voltou para morrer. Quando todos fechavam portas e janelas para ela, a única pessoa que a acolheu foi Nhá Colaquinha, simbolicamente, lavadeira do lugar. Havia o encanto da sua chegada à cidade da infância, a visão dos velhos muros, a venda, aqueles episódios folclóricos que o Lima Barreto sabia desenvolver bem. E depois ela morria e a cena da morte era muito bonita. Além disso, o herói do filme, que no momento desses acontecimentos era ainda pequeno, não aparecia uma única vez. Então o episódio foi tirado, pois não se perdia nada, como não se perdeu e não se ganhava nada, a não ser ressaltar a característica caridosa de Nhá Colaquinha e a atuação da Araçari, sobretudo na cena da morte, cercada de moscas.

Eu tive que cortar esse episódio e ganhamos 15 minutos. A decisão do corte foi do Lima, pois eu expliquei que essa era a única coisa que poderia sair do filme, ou eu reduzia o episódio à sua expressão mais simples, o que teria sido uma boa solução. Mas não, ele queria a expressão completa. Com as imposições do Lima sobre *a montagem de Eisenstein*, o filme ficou capengando. Eram muitos planos, e muitos planos falados.

Araçari processou a produção dizendo que estava sendo perseguida. Eu me aborreci muito. O Lima Barreto negou que tivesse dado ordem. E eu fiquei parecendo cupincha do produtor que queria sacrificar a carreira da Araçari. O Lima Barreto resolveu abandonar o filme e chamaram o Raul Roulien para continuar. E eu também pedi para sair, embora estivéssemos já em corte final.

Foi tão horrível, tão horrível. Eu até fui intimado a depor. Lima Barreto me fez isso e eu quase morri, mas saí, por reverência à criação dele. Lima Barreto resolveu reassumir, eu voltei e terminamos *A Primeira Missa*, sem a Araçari, que estava ofendidíssima. Havia muito tempo que ela estava fora da tela e quando teve um papel que era bem desenvolvido, bem sentimental, embora não fosse do original, cortaram. E no final, ficou por isso mesmo.

A última vez que eu vi Lima, ele estava num botequim perto da casa dele. Mas eu não fui falar com ele. Ele, que tinha uma presença marcante, estava curvado, pequeno. E quanto mais ele sofria, mais eu via as pessoas abominá-lo. Eu ficava tão zangado. Os antigos amigos evitavam visitá-lo.

Lima Barreto usa Mauro como modelo para a preparação do filme O Sertanejo, que não chegou a rodar. 1961

Ele ficou sendo um marco do cinema brasileiro. *O Cangaceiro* foi um filme impressionante. Todo mundo viu o filme, todo mundo cantava suas músicas... e todos se afastaram do Lima.

Eu não fiz Cinema Novo.

Nunca fiz Cinema Novo. Na Boca do Lixo posso perfeitamente ter feito alguma cinemanovice, ou cinema novo, mas Cinema Novo, ele mesmo, não, nunca.

Há um fato surpreendente na minha filmografia. Eu, fiel ou teimoso, nunca montei nenhum filme do Cinema Novo, entretanto, o meu nome consta, para minha surpresa, dos créditos de *Porto das Caixas* de Paulo César Saraceni, onde o meu nome está junto com o do outro montador – Nello Melli, profissional argentino muito conhecido. Lembro bem que ele veio mixar o filme na Vera Cruz, e as trilhas estavam problemáticas, o engenheiro de som não podia fazer as mudanças a tempo, o laboratório tinha arrebentado o negativo e tinha que tirar um pedaço. O fato é que eu pus a minha sala e a moviola à disposição dele e também fiz algumas emendas para ele, não lembro mais. Ele ficou tão agradecido por eu ter quebrado o galho, coisa que se fazia muito na Vera Cruz, que ele pôs o meu nome em agradecimento – eu acho.

Conversando com um amigo que o encontrou na filmagem em uma ilha do Pacífico, fiquei sabendo que ele se tornara o montador preferido de Dino de Laurentiis!

Mas eu nunca sequer vi o *Porto das Caixas*. Um amigo me segredou: *Mauro, cala a boca. Não diga nada. O filme é lindo...*

Capítulo IX

Grande Sertão – *Vereda*

Com o Anselmo Duarte fiz a sonorização d´*O Pagador de Promessas* e montei *Vereda da Salvação*. Isto foi em 1964. *Vereda* foi feito a partir de um texto do Jorge Andrade escrito originalmente para teatro e a encenação não modificou o seu caráter teatral. E mesmo se tentássemos, o próprio dramaturgo ia ver o copião para conferir se não faltava nenhum diálogo! Era um filme excessivamente falado!

Sempre me pareceu que essas precauções dele eram coisa de cláusula contratual, nunca mera veleidade de autor, mas por um cuidado para não prejudicar a unidade de estilo, construída sobre funda pesquisa de linguagem. Parece que ele, autor, se aproveitou do fato de que o caipira, para suprir a sua falta de vocabulário, para questões difíceis encontra as melhores expressões ao descrever imagens visuais mais fáceis, formando, assim, uma linguagem complexa, mas de forte e belo contexto poético. Decorei uma dessas figuras de linguagem que até hoje eu lembro. Era a fala do Stenio Garcia ao evocar Nossa Senhora (a Mãe):

Mulher vestida de luz, com uma lua debaixo dos pé; na cabeça, uma coroa de doze estrela.

Até os erros de sintaxe concorrem para o ritmo poético. Está claro que era necessário vigiar para que qualquer modificação não trouxesse caipirices mais simplórias. Por isso ele aparecia lá no quarto de montagem, em locação, um posto de gasolina entre Jundiaí e Itu onde eu ficava junto com o elenco e equipe.

Todos foram distribuídos por casas e pelos quartinhos destinados a caminhoneiros que pernoitavam enquanto aguardavam conserto na borracharia junto à padaria e restaurante, na parada de ônibus à beira da estrada que liga as duas cidades e a Capital. Era ali o quarto de montagem, pois existia o equipamento de edição, inclusive uma moviola – moviola mesmo, quero dizer, marca Moviola, que é o nome do emigrante italiano que inventou a mecanização do olho-de-boi manual – moviola alugada pela Vera Cruz, aparelho portátil de nascença. Foi um grande esquema...

Como?

Ah, porque é um aparelho pequeno e tem rodinhas.

Foi um grande esquema de produção para garantir o prazo para a cópia ficar pronta para ser exibida em Cannes.

Detalhe da moviola vertical com o cesto que recebe o filme. Foi esse atraente aparelho que chamou a atenção das meninas curiosas na montagem de Vereda da Salvação, em 1965

Eu recebia diariamente o copião do dia anterior, a equipe assistia no cinema, acho que depois da sessão, então me chegava o som magnético, eu sincronizava, eu mesmo escolhia o *take* melhor e fazia a pré-montagem. Assim, no dia seguinte à filmagem da última cena antes da seqüência da destruição do assentamento, que era um vilarejo cenográfico no meio do mato, a equipe toda pôde assistir ao filme inteiro pré-montado (mas sem aquela cena) antes de terminarem a filmagem. Era um galope o dia todo no quarto-de-montagem desde que eu saía até quando voltava para a caminha ao lado do equipamento. Só quando a filmagem acabou, fomos para a sala de montagem da Vera Cruz e aí, nesse mesmo estúdio, foi feita a dublagem do filme inteiro.

A fotografia era do Ricardo Aronovich, que tinha causado forte impacto com o seu estilo que parece despojado e teve forte influência no cinema de então, especialmente no grupo do Cinema Novo e adjacências mais naïves (porque conseguem um pouco de estilo e custa muito mais barato). Lembro que a fotografia era cinzenta, não era preto e branco, era cinza e branco, de um jeito que Aronovich sabia fazer sem deixar lavada. Toda a gente falava no tom cinza do Aronovich, mas como ele é argentino, e cinza em espanhol é *gris*, todos o ouviam referir-se ao gris, só falavam no gris, diziam que a fotografia era gris, só se ouvia dizer gris, como se fosse um dado técnico, como *zoom*, cinemascope, trilho de *travelling*, sei lá. Era muito engraçado, porque perdia o referencial, um certo toque tango *en una tarde... gris*. Era a fase áurea da *zoom*. Era zoom p'ra cá, zoom p'ra lá, acho que Anselmo e Aronovich conseguiram tirar bom efeito do recurso, porque, por muito tempo, amadores faziam 'menções' a *Vereda*, em especial no take com câmera a pino. Faziam *zoom, zoooooom*, e *zum*.

O assistente de direção era o Stenio Garcia. A maior parte do elenco era da encenação teatral, acho que foram substituídas só as pessoas que não apresentavam imagem cinematográfica conveniente, o restante era formado por parti- cipantes do espetáculo teatral, que trabalhava muito com *laboratório* cênico, isto é, fazia os atores determinarem qual animal correspondia à tônica do caráter do personagem que iriam encarnar, e então, eles passavam a estudar os movimentos daquele animal e depois passavam a agir conforme o 'seu' animal, que agora já era ele mesmo, o ator, no seu modo mais selvagem e natural do mundo. Aconteciam coisas interessan- tes. O Stenio salvaguardava aquele esquema, e o seu próprio papel era inspirado em um macaco grande. Para isso, Stenio caminha no filme com pernas cambaias e gingando o corpo, braços caídos em uma curva de quem carrega pesos a vida toda ou vive pendurado. Acontece que esse andar, com as calças nada ajustadas, parecia mais chegado a bebezinho que começa a andar de fraldas recheadas. Esse desarranjo, que o cinema parece acentuar, era mais visível nas cenas com maior número de figurantes arregimentados no local, ou seja, eram personagens verdadeiros, caipiras autênticos. Por isto, em certas cenas coletivas, apesar do grande empenho de Stenio (que alcançou a culminância na colaboração com Fátima Toledo no preparo do povo indígena do *Brincando nos Campos do Senhor*) na marcação dada pelo diretor, esses figurantes não tinham nada de animais, muito menos de animais estilizados, e resultavam mais genuínos que os artistas. Eles faziam tudo igual às suas vivências. Quero crer que o ambiente cenográfico, a mata verdadeira em que foi erguida e decorada a cenografia realista, impedia que a atuação de estilo não fosse detectada, e acho, também, que é fato concernente ao cinema ele mesmo. Penso que no teatro tudo concorre para a representação – que contém uma verdade, o tema, e resulta na descoberta disto; enquanto no cinema tudo concorre para a história – que contém uma verdade, o tema e a revelação.

Um momento muito especial na feitura deste filme foi a música. O maestro Diogo Pacheco imaginou uma musica em violão. Como o argumento é a decomposição de valores comuns das pessoas e da modificação da inteligência de pessoas enfraquecidas por circunstâncias desfavoráveis, o compositor imaginou uma decomposição da composição em seus componentes e rearranjo destes, mas construídos eletronicamente, cada vez mais predominantes conforme a ação se decompunha até o massacre total. Pacheco trabalhou com o engenheiro de som da Vera Cruz então, Ernst Haack, para graduar os efeitos que cada vez menos lembrassem o violão da música original. Foi transferido para fita magnética de montagem, e o compositor foi para a sala de montagem para montar a música. Criamos, ele e eu, temas da história que se encontravam no final, cada vez mais descompostos. Aí ele me dizia o que queria e eu ia montando no sincronizador, quer dizer, ele fazia com falsete ou engrossamento da voz (*bibibibibibi* ou *vooooom*, ou *tektektektek*) eu pegava o rolinho de fita onde este som estava gravado sem fim, cortava no tempo que ele me indicava com solfejo ou com segundos, e eu ia espalhando nas três trilhas do sincronizador. Toda gente achou isso aí uma maravilha, eu gostei demais de ter feito. Levou um tempo enorme, mas resultou bom.

Mas foi durante a montagem na locação onde eu tive uma das maiores alegrias da minha vida. Afinal, não é qualquer um que ganha Oscar. Eu já falei nesse período, contei onde eu trabalhava, e como ficava eu, moviola e caixote de pendurar pedaços, perto da janela. O local – posto de gasolina, restaurante, borracharia e dormitórios – tinha esparsa ao redor uma comunidade, grandes chácaras com plantações de uvas, etc. e seus trabalhadores com as suas famílias, as suas crianças.

Todas as tardes, quando chegava perto das 4 horas, passavam duas menininhas com apetrechos escolares, e ficavam curiosas com o que acontecia dentro do meu quarto de montagem. Na primeira vez que as vi, elas saíram correndo quando se perceberam notadas. No dia seguinte, perto das 4 horas, lá vinham elas, bem devagarinho, demorando na olhada para dentro da minha janela. Fiz de conta que não percebi. Ao contrário, exagerei os movimentos de lidar com os pedaços de filme e fingi examinar o início dos rolinhos de *takes*. Não agüentei, caí na risada e elas saíram correndo e rindo.

Numa outra vez, lá pelas 4, as duas vinham de braços dados, uma agarrada à outra, e aumentaram a curva para passarem mais perto da janela. Executei o que tinha planejado: coloquei um rolo de cena bem grande e acionei a moviola; elas pararam, se agarraram mais, espicharam o pescoço para ver melhor, eu me afastei do visor o quanto podia. Quando as olhei com o rabo dos olhos, elas estavam fascinadas com o ruído tipo máquina de costura, que engolia a película e tremeluzia dentro da caixinha de vidros grossos, jóia, faiscava, e filme, tombava do outro lado, a contorcer-se ainda, no sarcófago. O rolinho acabou, me virei francamente para elas, afundadas no chão e então eu disse: *Bonito, não é?* As duas se encolheram nos ombros alçados, uma escondeu o rosto, baixaram a cabeça, rindo, e num repente, me encararam um instante e saíram correndo. Acontece que eu já estava naquele local havia mais de um mês, precisava ir para casa tratar de pagamentos – impostos, aluguel, diarista, e tudo. Quando voltei, encontrei, na parede abaixo da minha janela, escrita a carvão em caligrafia de crianças de primeiras letras, a frase que me disse bem assim: *O home dos firme.*

Locação

Capítulo X

O Amor pelos Planos

Com o Khouri eu tive uma identidade muito grande desde o primeiro filme. Ele era o diretor que executava, na montagem, o grande amor que sentia pelos planos e o que mais o preocupava e atormentava era, justamente, saber se eu estava salientando a parte do plano que ele considerava mais bela. Mas, como só ele sabia o que era, porque o tinha concebido, eu precisava esperar que ele me dissesse.

Montamos juntos *Na Garganta do Diabo*, o seu filme sobre a guerra do Paraguai, com entrecho que se passava dentro de uma casa, próxima às Cataratas do Iguaçu. Ali, havia pessoas ilhadas, fechadas numa casa – e em si mesmas – sem horizontes além dos que traziam e de um grande elemento catalisador: as Cataratas do Iguaçu. Ele filmou aquelas cataratas como eu nunca tinha visto. É provável que o conflito do filme alguém tivesse dado a ele a partir de um resumo à guisa de argumento e ele personalizou muito bem os personagens. Nesse momento, 1960, ele já estava imerso na forte influência bergmaniana, cujo estigma carregou a vida inteira, e que se pode ver muito bem formulado neste filme. Entretanto, está ali, também, o que ele sabia do tratamento da alma feminina, a partir do cinema japonês. E se houve alguma influência alienígena, não brasileira, nos filmes dele, se existiu isso, terá sido, realmente, do cinema clássico japonês, que agora podemos ver nos filmes de Carlos Reichenbach.

Ele gostava muito de fusões, e aí entra o filme centro-europeu, húngaro e especialmente o cinema alemão que faz da fusão, que muitas vezes é mera passagem de tempo ou de geografia, um recurso pleno. Hafenrichter também buscava isso para as duas imagens que se fundiam, formando uma terceira que se imiscuía ou anunciava a próxima, ou completava ou acentuava o final da anterior. Para o Khouri, as fusões que incluíam vistas da Catarata eram, ora de um lirismo absoluto, ou de uma força terrível através da imagem da água, ou um puro elemento de êxtase, de beleza para ser contemplado.

No meio de um quadro, por exemplo, se via a cachoeira de perto, com a água muito branca. Fundia para a moça que tinha tomado banho e cujo corpo era muito alvo: seis segundos as duas coisas se fundiam. Não se sabia onde estava cada um dos elementos originais e surgia um bebezinho de uma pureza absoluta: o corpo, a figura que surgia daquelas águas.

À direita, Odete Lara

As fusões com a imagem da cachoeira vinham sempre impregnadas de uma força divina e insustentável, fúria assassina, justiceira. Foi o Khouri que fez.

A prisão que o Khouri se impunha à estética do plano nas faces das personagens: a face da Odete Lara, do Fernando Baleroni, a diabólica do Luigi Picchi que tem uma cara de máscara japonesa é incrível!

As partes que eu montei, e todas as que tinham conflitos, eu trabalhava com aspectos da continuidade que eu já estava dominando. Ele fez no maior capricho uma cena em que o Picchi tenta violentar a personagem de Odete Lara e ele diz a ela:

Olhe o que tem fora desta janela, p'ro mundo que te espera. Vem comigo...

O personagem era um desertor. E o Khouri fez o corte perfeito do plano geral para o plano aproximado, no movimento da virada. Eu me lembro que o corte estava me incomodando e eu fiz do meu jeito. Ele se derreteu com o corte. Ele aceitava as coisas. Eu montei assim: pelo plano geral o Luigi Picchi pega a moça, vira-a e a põe de costas para ele, olhando a janela. Cortei para a janela, o mundo lá fora. Só então, como um efeito de quem viu a coisa, eu montei para o plano próximo (e não na girada, que não interessava). O corte acentua a dramaticidade da aproximação dos dois corpos e o efeito do que é visto pela janela aberta.

Mas o que significa dizer que fiz uma montagem em conjunto com o Khouri? Como isso foi possível?

Depois da refrega na montagem que ele fez de *Fronteiras do Inferno*, filme de 1958, o Walter armou a pré-montagem de *Garganta do Diabo*, ficou cheio de dúvidas e, talvez pressionado pelos produtores húngaros e por instância do câmera George Pfister, me procurou para fazer alguns ajustes na 'dinâmica'. Ele me confessou que não conhecia a 'dinâmica', mostrando um ar de se importar só com o etéreo, filosófico, superior. Cada um com a dele: aceitei e fomos assistir ao filme na projeção da velha Vera Cruz. De saída eu, paranaense, formado na admiração das preciosidades do meu Estado (como as Cataratas do Iguaçu, ambiente do filme), fiquei animado. Comecei a trabalhar e, a cada projeção que fazíamos, o Walter ficava mais entusiasmado. Eu não fiz dinamismos coisa nenhuma. Eu usava os elementos da montagem para dar ênfase, economia de exposição, para salientar valores dramáticos dentro do clima das outras partes do filme, como fotografia, atuação, cenografia, etc. Fiz o que se chama corte final (que lá na Boca chamaram *corte fino*) em cima de um projeto desarticulado de exibição de fotografia animada. Assim mesmo ainda sobrou muito da insistência no olha-olha e daquele célebre (porque celebrado) amor ao *take*. Isto aparece nos tempos espichados como no *travelling* sobre a musa Odete Lara, ou no erro de tempo de ação *off* ou paralela, especialmente nas passagens dentro da cenografia, para acentuar a atuação, por exemplo, do Ballerone, que para eles (Khouri e Biáfora) era o próprio Orson Welles – bem, quase: era o Orson Welles à mão.

Porém o Khouri fez mesmo uma pré-montagem. Além disto, ele passou horas e horas na sala de montagem ao lado (as salas da Vera Cruz eram duplas) durante muitos dias, marcando (e isto é o mesmo que dizer montando) as imagens para as fusões, que resultaram naquele deslumbramento, e eu mal cheguei perto, fui só às projeções da cópia da truca, para ajudar na avaliação. O mesmo aconteceu com a música, matéria cuja aura sublime não é para qualquer um – ouvia eu o diretor 'pensar' nas entrefalas. Tanto que concordei em que também ele assinasse a montagem. Não imaginei o inimaginável: aquela manha de pôr o meu nome em 1º lugar na versão falada em inglês (coisa que não me acrescenta nada, em geral tiram os letreiros de apresentação); enquanto na divulgação e na versão nacional, vinha o nome dele acima do meu, para garantir-lhe o prestígio de autor, mesmo com desprezo ao trabalhador da especialidade.

Depois, para as trilhas sonoras, eu criei um toque especial com eco na gravação ordinária dos sons de floresta que ajudou muito nas cenas filmadas no matinho atrás da Vera Cruz, e à última hora, Walter Hugo Khouri mudou a montagem do final do filme, porque o técnico na mixagem, Ernest Magassy, protestou veementemente, pois achava que o filme tinha que terminar com as cataratas e não com o casalzinho abraçado, contemplando a água. Ele gostou da sugestão, foi lá e trocou.

Eu já tinha contado a ele a lenda guarani sobre a formação das cataratas, que lamentou não ter sabido antes para fazer dela uma das narrações do velho índio cego (Hingst). A tal lenda fala da raiva que dominou o deus Tupã contra o índio que fugia pelo rio com a namorada, que era a virgem prometida a Tupã. O deus supremo abre o abismo sobre o rio para afogá-los, e os transforma em parte das cataratas. O Khouri tomou o tom de lenda que contém elementos pagãos da frase de D. H. Lawrence que está no pórtico do filme, tomou a cena do casalzinho abraçado e fez aquela

A lenda indígena

fusãozona para o enorme caudal que lava, engole e eterniza o mocinho e a mocinha. Com este vigor, escapa pela tangente de um *happy-end* vulgar. Eu fui para as alturas tamanha a minha satisfação. Mas o meu ponto alto é também o ponto alto da direção, da luz do Icsey e da atuação, a ver: o desespero dos desertores na casa sitiada; e a morte do vilão-mor (Picchi, Luigi) na cachoeira.

Acho que se pode dizer que a montagem é dele e minha, mas não com a fria indicação das fichas técnicas, e sim com alguma ressalva para efeito de justiça.

Nessa época ele começou a se interessar também por Antonioni, que rompia com os filmes que tratavam das condições sociais, elas mesmas e não das pessoas dentro das condições sociais. E ele gostava do filme italiano porque era muito elaborado cenicamente, rico em cenografia, roupagens. Parece também que ele reaprendeu e viu uma possibilidade com *Os Cafajestes*, onde encontrou uma licença total de história, nudez feminina sem ser lírica e sem buscar pureza, o cara cínico explorador, amoral. Ele viu essa possibilidade de revelar o mundo dele, o mundo que ele via em São Paulo. Eu sei disso porque o Khouri e o Biáfora assistiram ao filme. Eu sei que esse filme é tão ou mais importante do que qualquer Antonioni, Bergman e Ozu. De um jeito para cada um: Biáfora e Khouri.

Khouri procurou uma forma nova. Isso tudo nos concernia. Ele fez um drama como *Noite Vazia* em 1964, que é conflitante como qualquer filme: tem conflito de classes, de sentimentos, atração, repulsa, e condições sociais: – uma mulher que só quer dinheiro e outra que só quer amor, um homem que tem dinheiro e outro que não tem nada e joga tudo fora. Era um mundo incrível.

Noite Vazia foi para mim a primeira entrada do cinema brasileiro na contemporaneidade. Na verdade, tanto eu quanto o Khouri não sabíamos como montar o filme. Ele tinha a intenção, tinha os planos, mas não tinha a forma de grudá-los. Então começamos o estudo pela Norma Bengell, que qualquer coisa dá certo. Ela tinha um jeito de balançar a pupila que parecia um brilho interior. Então assumimos que aquilo seria o brilho interior. Era então que começava o que estava acontecendo dentro dela. Assim, tínhamos que inventar medidas. Quando ele escreveu a seqüência dos bolinhos de chuva, já começou aparecer o desenho da montagem, a cena que determinou a medida. O antes, o depois e o durante. A cena é abstrata.

Quando o Mário Benvenut descobre o seu próprio vazio, no momento em que ele está vendo numa revista a morte do Kennedy ao lado da esposa. Na primeira cena, já vimos que ele deixa

Gabriele Tinti e Mário Benvenuti em Noite Vazia

a esposa para sair e já se sabe que o casamento não andava bem. A mulher dele estava sempre fora de foco. Ele paga prostitutas, precisa se afirmar socialmente. Cobrir o seu vazio. Ele vai para a janela ver se encontra alguma coisa. Era tão difícil e tão lindo procurar isso, pois na verdade não era obscuro. Esse seria o personagem negativo, e o outro o positivo – é meio vítima, meio enjoado, tem função de ser um número na população, e ele não se encontra em si mesmo. E tem aquelas mulheres que estão por aí na cidade, são típicas. Isso tudo era muito do tempo em que a gente estava vivendo. E a forma do filme, para transmitir aquela vivência, era a forma adequada na fotografia, no elenco perfeito. Uma libertação. O filme não tem fusões. Foi tomando forma sozinho.

É isso que eu estou chamando de contemporaneidade e poderia dizer que alguém no cinema brasileiro entrou na modernidade e não num paradigma do que se usa, que não quer dizer exatamente estar na moda.

Acho que o Khouri, até quando se repetia, estava sendo moderno com planos, atitudes, situações. Ele repetiu minha montagem o tempo todo. Tivemos que criar linguagem para nos entender: *close-up*, closapão quando é muito *close*. N´O *Corpo Ardente* de 1966, eu comecei a furar mais

Odete Lara em Noite Vazia

Norma Bengell em Noite Vazia

a forma. Foi o primeiro filme depois de *Noite Vazia*. Passei a quebrar a continuidade e muitas cenas eram abstratas. Havia a pessoa que contemplava e os objetos da contemplação. Era a pessoa na paisagem e os elementos da paisagem. Ela via o cavalo e havia o cavalo. Era mais fácil montar assim. Grandes momentos de espera onde ocorriam descobertas que aumentavam as dúvidas. Isso me deixava fascinado. Eu criei um movimento pendular, a atriz ia de um canto para o outro num prédio com arcadas à espera do amante num lugar público. Ela aparecia e desaparecia na coluna, ela mesma era um relógio que servia como pêndulo.

Odete Lara e Norma Bengel em Noite Vazia

Capítulo XI

Experiência Internacional

Quando Khouri fez *Corpo Ardente* e *Noite Vazia*, entrou em contato com uma distribuidora, Les Films Number One, do diretor Pierre Kalfon. Fizeram acordos de co-produções entre o Brasil e a França: o diretor francês procurou explorar o exotismo e atores brasileiros em seu filme, e incluiu também a atriz francesa Geneviève Grad, que fez depois o filme de Khouri, *O Palácio dos Anjos*, além Luc Merenda. Do elenco brasileiro participaram Tarcísio Meira, Sergio Hingst, Rossana Ghessa e Norma Bengell, que já tinha público na Europa como atriz européia. Uma parte do filme se passava na França, num castelo. O diretor de fotografia era o filho de Jacques Becker, Étienne Becker e o filme chamava-se *Verão de Fogo, OSS-117 Prend des Vacances* no original francês.

O diretor era muito amigo de Josette Bruce, viúva do escritor Jean Bruce, responsável por um personagem que inspirou o 007. A história era baseada nesse agente secreto e Merenda fazia o papel duplo de agente e bandido. Foi filmado numa ilha no Guarujá, que era no filme caracterizada como *ilha latino-americana*, com muitas alusões a Cuba.

Odete Lara em Corpo Ardente

A música era do Rogério Duprat e os franceses estavam bem entusiasmados.

Eu fiz uma pré-montagem do material filmado aqui e o diretor gostou das minhas soluções e me levou para a França. Assim ele tinha alguém com gabarito internacional, por um preço nacional!

Quando eu cheguei, o diálogo já tinha sido gravado. Mesmo assim eu tive alguma dificuldade com o excesso de diálogos e blagues. Fiquei meio perdido e não tinha quem me ajudasse. Mas o montador de *Les Dames des Bois de Boulogne*, Jean Feyte, assistiu ao copião e disse ao diretor o que era necessário fazer. Na verdade, ele não gostava de coisas que eu estava fazendo, algumas conquistas d`*O Ano Passado em Marienbad* – usar *flashes* ilustrando coisas que eram apenas mencionadas verbalmente. Mas creio que ele não estava entendendo e era mais ligado a um cinema mais estereotipado, como à la Comédie. Mas apesar disso, o filme ganhou um ar de montador francês que fez bem, mas não melhorou o filme que é uma aventura fantasiosa.

Na Europa *Verão de Fogo* fez sucesso, pois o personagem era muito querido, sobretudo na França. Assim, independente da qualidade do trabalho, as aventuras do personagem consistem a atração e a razão de ser do filme, cuja história foi escrita pela esposa desse autor que era muito popular na França.

Por lá eu tive algumas experiências muito interessantes. Um dia, saí da minha sala para tomar um café e fui cercado por uma série de estagiários que trabalhavam naqueles estúdios. Fiquei impressionado com a curiosidade deles sobre o cinema brasileiro. Estava passando naquele momento, com grande sucesso *O Dragão da Maldade contra o Santo Guerreiro* do Glauber. Assim, eles queriam saber onde eu me localizava em relação ao Cinema Novo, onde eu me encaixava e eles nem sabiam que eu não me encaixava no Cinema Novo, e ao mesmo tempo eles eram críticos ao filme. Estranhavam as paisagens, os tipos (*não nos pertencem*, diziam). Assim, existia a veneração – que era cerebral – mas também a escusa são diferentes. Muitos dos filmes quando se apresentava a miséria da Bahia, dos pobres, a injustiça social, era para eles um gáudio, pois não conheciam. Assim, creio que sempre havia um exemplo positivo de algo negativo de que eles estavam livres. A alegria do samba era compensador de algo que eles não tinham e que era muito pesado. Eu sentia isso na moça do café, no marido dela, no porteiro, nas pessoas que nos cercavam. Mais de uma vez, as pessoas falavam comigo sobre a vida no Brasil, no Rio, Elis Regina...

Mauro fotografa seus grandes amigos: da esquerda para a direita os diretores Walter Hugo Khouri e Rubem Biáfora e o ator Mário Benvenuti com seu filho. Filmagens de Noite Vazia, 1964

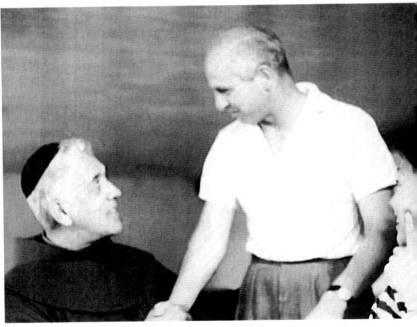

Frei José Mojica visita a Vera Cruz durante a filmagem de Noite Vazia. À direita, a atriz Célia Watanabe. Janeiro 1964

Quanto à montagem, o aparelhamento deles para mim era absurdo, antiquado, inusitado. A moviola era um casamento da moviola vertical americana e inglesa com a mesa alemã. Havia uma mesa comum e o filme corria verticalmente, na frente. Na mesa, a tela como na mesa alemã rodava de cima para baixo. Além disso, não funcionava direito, não agüentava o calor da luz. A sala de montagem era uma adaptação da antiga cocheira, já que o estúdio ficava num antigo convento medieval que depois passou a internato para moças até se tornar estúdio de cinema nos anos 1930. A grande atração estilo Disneyland era o cenário da primeira versão sonora de *Os Miseráveis*, com Harry Baur.

A montagem levou quatro meses e o Khouri começou me chamar de volta para montar *O Palácio dos Anjos*, a parte brasileira do contrato. Mas antes passeei pelo norte da França e fiquei estatelado com Estrasburgo e Reims.

Através do Kalfon, foi possível estabelecer boas ligações com o cinema italiano, ao qual ele era muito ligado. Em 1980 eu estive em Cannes participando de um festival de cinema publicitário, dei um pulinho a Paris e nos encontramos novamente.

No Brasil, o filme foi um fracasso, apesar do Tarcísio Meira, que fazia sucesso na televisão. O som também tinha muitos problemas, pois a trilha de som foi muito mal copiada. O problema não foi de lá, onde havíamos feito tudo muito bem mixado e remixado. Ocorre que William Khouri, o irmão do Walter me disse *Mauro, esse filme não dá nada, não significa nada*. Ele não assinou a co-produção. Assim, eles investiram muito pouco nas cópias e na sala era impossível escutar direito. A imagem do Becker era muito boa, mas não se ouvia e o filme era falado em português!! E na verdade, bastava reclamar com o laboratório! O filme passou em brancas nuvens, apesar de ter sido exibido no Paissandu, quando ainda era um bom cinema. Mas, pensando bem, era um filme feito no Brasil com imagens que procuram sugerir Cuba, um diretor francês, uma história francesa, o elenco e os técnicos misturados. Acabou dando nesse desencontro.

Enquanto eu estava na Europa montando *Verão de Fogo*, o Khouri estava começando *O Palácio dos Anjos*, a contrapartida brasileira na co-produção com o Kalfon, e pedia a ele para me liberar, pois queria ir vendo o filme montado, à medida que filmava. O Kalfon, por outro lado, me convidou para ficar lá, não como montador, mas para trabalhar com sincronização de filmes estrangeiros. Apesar das dificuldades e incertezas do cinema brasileiro, eu preferi voltar, já que por lá eu teria que começar tudo de novo.

Walter Hugo Khouri dirigindo Palácio dos Anjos

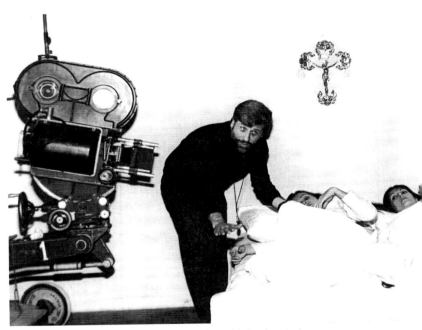

Walter Hugo Khouri dirigindo Palácio dos Anjos

Walter Hugo Khouri dirigindo Palácio dos Anjos

Walter Hugo Khouri dirigindo Palácio dos Anjos

Capítulo XII

Khouri em Cores

O Palácio dos Anjos foi o primeiro filme colorido do Khouri. Como ele cuidava muito da plástica e do visual, passou a fazer pesquisas de cor, significação das cores, o que tornou o trabalho diferente. Havia também Geneviève Grad, belíssima, que era muito interessante. Ela ficou famosa nos filmes e seriados franceses como filha da Martine Carol. Tornou-se conhecida por uma foto típica dos anos 60: ela está nua, de perfil, sentada num tapete peludo. Essa foto em pôster estava em todos os lugares do mundo. E depois, sumiu. Ela tinha boa experiência em cinema e trouxe o seu próprio maquiador da França, para adaptar bem o seu tipo para o papel, o que deu ao seu rosto uma beleza ímpar.

O filme falava de moças que trabalhavam com economistas num escritório cheio de arapucas e falcatruas. A vida delas era muito agitada e acidentada, mas elas também espionavam, se inteiravam dos processos e passaram a usar as relações do escritório para manter um grande bordel de luxo, com recursos que imitavam os do escritório. Essa era a trama do filme. Só que o Khouri não se dignou a fazer um roteiro, então ia improvisando e saiu uma macaquice que não se entendia. Daí ele inventa de refazer tudo na montagem e na dublagem, já que o filme era falado em francês e o sincronismo podia ser feito apenas com o fim da frase, o que permitia mudar tudo.

As moças que eram suburbanas passam a ter estudo. Sabiam não apenas o economês que aprenderam na firma, mas faziam jogos de alta psicologia para extorquir dinheiro dos ricaços. Havia a paixão de um executivo – o Luc Merenda pela Geneviève Grad. Os olhares e intenções filmados nessa personagem permitiram fazer dela uma calculista e o Khouri foi mudando o sentido original da trama, e eu procurando novos sincronismos para o diálogo, o que foi transformando o trabalho num drama social moderno.

O filme vai compondo o destino desigual das moças: uma decai, a outra abre o seu próprio negócio, mas centra-se, sobretudo, na relação doentia da Geneviève com uma mulher, Norma Bengell, de quem ela dependia economicamente. Khouri acabou usando um pouco do Durrematt da *Lulu*, para criar essa relação.

O final é maravilhoso. Geneviève está em Santos, não consegue mais sair da vida em que se meteu. Rompeu com as amigas, rompeu com tudo, só tem aquela mulher, um tanto tirana, na composição do personagem da Norma Bengell, e ela está ali. Está no cais, ouve o som fortíssimo da sirene de um navio passando e as pessoas dando sinais de adeus. O filme inteiro parece feito para esse *take*. Desde o início se sabe da obsessão-fuga do personagem, que almeja viajar, ir para outro lugar, trocar, encontrar um espaço pronto, trocar até de nacionalidade e de profissão de doutor para garçonete. Era o sonho da era dos sonhos desfeitos. Ela apenas fica no cais. Há aí alguma coisa que sacode o público, o conceito moral, as atitudes diante de negociatas, da prostituição como negociata e a negociata como prostituição se constitui num jogo tal que ao final é um filme do Khouri, que não sugere solução, como se fosse um filme do desencontro, um filme sem fim. Não é um grande filme, mas é uma aventura do cinema: de quem dirige, atua, de quem filma, de quem monta. É um grande acontecimento que o público não está vendo, embora há esse momento a sacudida de pó e teias, que a gente percebe correr na platéia. Há o grande jogo, atores que não são daqui. Era falado em francês para o público da França, o que tornou possível mudá-lo por aqui. Além disso, três grandes figuras de mulher: a Adriana Prieto, no personagem que mantinha muita segurança, apenas trocara a alegria de um projeto facilmente rendoso pela fria ganância de acumular mais e mais; a Rossana Ghessa que sofria uma dor moral com tudo aquilo que vivia; e a Geneviève. A atuação é muito boa, mas tudo no filme é teatral. Tudo nele é um teatro.

O Anjo da Noite de 1974 foi outro filme em que o Khouri não queria fazer roteiro e começava a filmar com uma idéia na cabeça. Era-lhe suficiente. A história foi comprada por um outro produtor, Luis de Miranda Correia, do Amazonas. Tirada de fato verídico: numa casa onde uma moça, a Selma Egrei, foi ser *babysitter*, todos foram assassinados. Assim o filme se compõe de versões sobre os assassinatos, com uma série de vertentes. Nessa época o Khouri estava tendo contato com a auto-hipnose, para relaxar, para fortalecer a mente e usa esse tipo de comportamentos para inculcar mistérios nos personagens – e na audiência.

O filme inteiro valia por uma seqüência. Eu disse ao Khouri que o filme não significava nada. E ele me respondeu que nós tínhamos que trabalhar em cima do filme, que, se não significasse nada, esse nada tinha que ser o significado do filme. Era um filme sobre o nada. E fizemos um filme tenso. Numa projeção no INC – Instituto Nacional de Cinema – no Rio, sentimos as pessoas pregadas na cadeira, assustadas, compartilhando o pavor que a moça do filme sentia. Reconhecemos o fato pelo grito de espanto geral quando alguém na platéia derrubou o cinzeiro – e a compensadora risada subseqüente. São certas realidades que são pouco palpáveis e que o filme mostrava como história e todos entendiam desta forma. Lá dentro deles, eles sabiam o que o filme dizia. Um dos personagens era baseado num guarda da Vera Cruz. Era um tipo estranho que sempre me assustava. O Walter descobriu alguma coisa nele.

Biáfora, Khouri e outros cineastas são capazes de filmar momentos, imagens, redes de suporte para as extensões mais óbvias da trama, dos conflitos. O Khouri não escapa disso e ele sabia das deficiências do roteiro, ele detestava essa história, detestava ter aceito esse compromisso. Ele já tinha encerrado a Vera Cruz, a sociedade com o irmão e estava filmando na Boca.

A casa onde a moça vai ser *babysitter,* em Petrópolis, era de gente muito grã-fina, um lugar no meio do mato, mas até o mato era civilizado. A casa era em estilo português e no teto da sala de visitas era uma grande abóbada, que dava um ar absolutamente fúnebre ao lugar, tinha-se a impressão de estar num esquife. O Khouri achava que aquilo era a morte presente. Assim, ele filmava os incômodos que a Selma Egrei, a personagem central, sentia quando buscava outro nível mental e não conseguia, por causa daquela abóbada. O guardião assustava tanto... A casa era repleta de ornamentos que contribuíam para acentuar o clima assustador.

Nos intervalos de filmagem, o Khouri pegava a câmera e filmava os espaços vazios e usava as externas para fazer *travelling*, tudo iluminado. Fazia malabarismos para aparecer os refletores e que todos os ambientes, todas as salas estavam iluminadas. Então ele filmava aquilo, mas não tinha como fazer o *travelling*: a janela balançava, saía fora de foco. Ele fazia uma câmera na mão *acidental* E de repente, nessas tentativas, eu também tinha matérias descartadas que eu guardava. Esse era o clima da casa, que não pertencia à história. Pertencia à casa. Parecia que era uma ação paralela: a história da moça e a história da casa. O que era a história da casa? A gente não sabia, mas estava nas imagens. É muito curioso e é muito assustador. O filme era perturbador, metafísico, incomodava muito.

Nessa época o Khouri andava com um retratinho de Santa Cecília que continha um relógio de sol, o cabelo solto cheio de ondas, e como nos quadros da Renascença, tinha um enorme resplendor (uma auréola) que o cinema sempre usou: pensemos nas imagens das mulheres em Griffith, que habitam no nosso inconsciente.

Os pintores da Renascença e os fotógrafos do cinema apenas encontram essa imagem, essa aura que existe para definir a figura. O cinema contém essa natureza que a fotografia e as manhas da montagem salientam no encontro dos planos, na luz, na contraluz, e parece que é natural, é da figura, e nesse filme em particular, que trata de coisas dessa natureza, o Khouri encontrou e trouxe para a grande emoção da platéia. Esse filme na minha vida me valeu pelas experiências de montagem que eu fiz num trabalho muito abstrato, com cenas que não são descritivas, não são uma ação, e creio que conseguimos um bom resultado, sobretudo pela tensão que percebi nas exibições.

Na Rua do Triunfo, os montadores da Boca em 1970: Mauro Alice à esquerda, Lupe (Maria Guadalupe Fernandes) no centro e Sylvio Reinoldi à direita em flagrante de Ozualdo Candeias

Capítulo XIII

Anos 1970 e 1980 – Boca do Lixo e Publicidade

Nos anos 1970, além de ter montado alguns filmes do Mazzaropi e do Khouri, foi o momento dos filmes realizados na *Boca do Lixo*, que eram dedicados em sua maior parte à pornochanchada. Apesar de ter feito *As Gatinhas* de Astolfo Araujo, *As Noites de Iemanjá* do Maurice Capovila, do Biáfora, Galante, Palácios, gente legal, eu não agüentava os limites e os destinos daqueles filmes. Não gostava da situação da Boca, ganhava mal e o ambiente não me satisfazia. Com o Khouri, n´*O Anjo da Noite*, era como se fôssemos segregados. Muito sem eira nem beira, estranhos. Não com o Galante, pois ele exigia profissionalismo, porque custava para ele - ele tinha infra-estrutura: escritórios, sala de montagem, e relações com as outras firmas, firmas de som; era a própria natureza do trabalho, a relação com as pessoas que me desagradava. Os técnicos eram diferentes, alguns vinham da Vera Cruz, mas a maioria tinha formação recente e específica para aquele lugar. Tanto que, tão logo as coisas mudaram de figura e a produção de vídeo se torna significativa, essa mesma gente é quem vai trabalhar.

No lendário Bar Soberano na Rua do Triunfo, Mauro entre Luiz Paulino à esquerda e Oswaldo de Oliveria (Carcaça) à direita, durante a montagem de As Gatinhas de Astolfo Araújo e Rubem Biafora, 1970

Cangaceiras Eróticas foi a gota d´água. Havia sido, na origem, um filme de cangaço com produção do Galante que foi muito bem montado pelo Silvio Reynoldi. Ele tirou um episódio grande, de mais de 10 minutos e o Galante quis fazer um filme aproveitando aquele material. Acho que eu não gostava também do diretor, o Roberto Mauro, embora ele soubesse o que estava fazendo. Havia no filme a *miss* Mato Grosso e se revelou também uma figurante que era corista, que tinha um corpo tão perfeito, cuja cara neutra, ingênua, não parecia que pertencia àquele corpo. Virou estrela, era a Helena Ramos.

Em filmes como *Alucinada pela Paixão* ou *As Cangaceiras Eróticas*, a vontade era de acabar o mais rápido possível, pois não tinha nenhum interesse, nada para aprender, nada com o que me envolver, condições de trabalho ruins. O ambiente era desagradável Eu acho que a minha vida profissional era diferente. Eu não agüentava, não era emprego. Então, já que era pra ganhar dinheiro, resolvi ir para publicidade, que me procurava bastante e lá fiquei por 10 anos, até me aposentar.

Nessa época em que estava trabalhando com comerciais e um pouco angustiado por ficar numa sala de montagem permanentemente fazendo comerciais, me convidaram para montar *Pantanal de Sangue*. O filme era dirigido por Reynaldo

Mauro Alice na Nova Filmes de Cláudio Meyer em 1977

Paes de Barros, um cameraman que conhecia bem iluminação, estudou cinema nos Estados Unidas, na UCLA. Fez o filme em Mato Grosso na fazenda da família, com histórias que ele ouvia na região, a vida do campo, o roubo de terra, a criação de gado no Pantanal. Era tudo muito particular daquele lugar geográfico: a água muito límpida recobre extensões enormes de campo e requer uma iluminação especial. Tudo muito especial. Foi meu primeiro filme naïf, ingênuo. Não é possível dizer que é bom ou ruim. Foi montado na Odil.

Em publicidade, trabalhei numa firma estável, fiz institucionais, fui registrado. Na Prova Filmes e Nova Filmes formei gente boa. Mas nesses 10 anos as coisas mudaram muito. E como na verdade, eu poucas vezes fui registrado, só através das colunas de jornal do Biáfora no *Estado*, é que eu pude refazer a minha trajetória e preparar a minha papelada para o INSS.

Biáfora teve um gesto inacreditável: pediu-me a lista de filmes em que eu não tinha registro, e me deu os exemplares da sua coleção particular para eu juntar como prova de trabalho no meu processo de aposentadoria.

Achei que seria mais fácil enfrentar os problemas de sobrevivência no cinema com a aposentadoria que eu consegui na publicidade.

Equipe da Nova Filmes na filmagem do documentário Rondó no Tempo de Mauro Alice. Fotografia e câmera de Rodolfo Sanchez (de chapéu), assistente de câmera Carlos Pacheco e Gino Bosi, ajudante de filmagem. Praça da República, Rio de Janeiro, 1980

O cinema sempre foi problemático. Não é um comércio fixo que a gente saiba quais são os percalços nem as probabilidades de percalço. A gente não sabe nada no cinema. De repente alguém faz um filme fracassar, ou o filme é mal lançado, há um filme estrangeiro importante lançado no mesmo momento, a concorrência é forte, quando fica pronto ele não desperta a mesma curiosidade do início. A média dos diretores brasileiros não tem mais de dois filmes. Mesmo na Vera Cruz a maioria não passou do primeiro filme. Dessa forma, achei que poderia contar com a aposentadoria para os percalços.

Nesse momento eu tive o convite simpático do Francisco Ramalho, que tinha uma produtora de comerciais onde fizemos *Filhos e Amantes*. Foi uma ótima aventura trabalhar com ele e a coisa melhor que aconteceu não está no filme.

Em seguida, fiz *Retrato Falado* dirigido por Jair Correia e Helio Porto. O primeiro cuidava da direção técnica e o outro, diretor de televisão, fazia a direção dos atores. Era um filme na linha de *Rashomon* e outros filmes que estavam na moda na época. A história era contada de diferentes pontos de vista. Tratava da vida de uma mulher que começava como manequim, se tornava grande estrela de televisão e no fim é encontrada morta na banheira. E cada pessoa dava a sua versão sobre a mulher.

Só que filme não montava. A história, contada a partir de três pontos de vista, não concatenava, não formava um filme. Então chamaram o Ramalho para refazer o roteiro, e ele, depois de ver as imagens, recomendou ao produtor Gelson Nunes o meu nome para ajudá-lo. Então, fui eu de volta pra Boca do Lixo trabalhar no escritório da Marte Filmes.

Examinamos o material. Havia cenas com conclusão, outras não. O filme era muito passado a ferro para ter três versões. O Ramalho observou problemas de continuidade. Tentamos colocar imagens filmadas no monitor de televisão, mas era muito problemático, ficavam distorcidas, cheias de raios e flashes brancos – o que é um prato cheio para um montador. Acontecem maravilhas nessas situações. Eu lamento até hoje não ter colecionado as paradas de câmera do Khouri. A câmera quando é desligada, corre, diminuindo a velocidade. O movimento que seria mostrado em 2 quadrinhos, fica num só, aparece duas vezes e ela vai se derretendo. Isso pode render coisas muito curiosas.

Então eu comecei a utilizar aquilo que na pré-montagem foi desprezado como restolho. Eu colei tudo e comecei a passar e a estudar aquele material, descobrir as belezas, feiúras aproveitáveis. Então eu fazia essas coisas como pequenos intervalos, como aqueles que eu tinha feito no *Verão de Fogo*, como na voga da montagem determinada pelo *O Ano Passado em Mariembad*. Não era a volta da memória, mas eram distorções dos fatos através das imagens distorcidas. Eu comecei a usar isso. E procurava me ater a recursos estritamente cinematográficos para escapar daquele ramerrão de outra narrativa oral. Comecei a aumentar o valor dos testemunhos obtidos pelo policial que interrogava uma mulher, ou um homem que queria dar um testemunho. O contado era tão real quanto aquilo que se sabia que era a realidade. Criei esses *élans* e essas amarras que auxiliaram o Ramalho a fazer um roteiro conforme a necessidade de tirar informações excedentes ou a possibilidade de passar para outra coisa. E ficou muito bonito. Quase todas as passagens tinham elementos-gancho envolventes que ajudaram. Ficou duas semanas em exibição em São Paulo com oba oba de crítica. Tinha um parentesco com *Mulher Objeto*, ou (como se dizia na época), *A Mulher Abjeta...*

Logo em seguida, o Hector Babenco me chamou pra fazer o som do *Pixote*, versão internacional, para ser exibido nos EUA e Europa, por volta de 1982 e 1983.

Ainda na ilusão da aposentadoria da publicidade, quando eu achava que poderia ter uma situação tranqüila que me permitiria escolher os trabalhos que iria fazer, as coisas não aconteceram bem assim. Não havia muitos filmes em produção, e ao contrário do que esperava, eu não podia escolher e era escolhido. Isso estava me preocupando quando me aparecem três jovens entusiasmados, recém-formados pela ECA, que me convidaram para montar um filme em episódios, *Made in Brasil*. Carlos Nascimbeni, Francisco Magaldi e Renato Pitta. Eles tinham conseguido um produtor, um médico que trabalhava com pornochanchadas e documentários. E eu pensei comigo *Estou salvo!* Fiquei alucinado com aqueles moços. O filme em episódios era uma forma que barateava os custos, e assim, cada um deles podia experimentar várias atividades como a direção, a produção executiva ou a fotografia, ator, figuração, o que desse.

Eles fizeram uma releitura da pornochanchada. Jogavam com os termos e faziam observações da política, do comportamento, mas aproveitavam para focar o filme, por vezes, tendo como fundo uma greve, um acampamento de sem-terra no Ibirapuera, ambientar o filme em contextos sociais complicados. Brincavam com isso em frases como *o Brasil está impotente para resolver seus problemas*. Era essa a releitura que grande parte do público sacou, apesar da grande dificuldade de exibição que os três cavalheiros tiveram, e, além disso, o filme era muito datado. Naquele momento o dinheiro estava se desvalorizando muito rapidamente, e o filme envelhecia muito rapidamente também, justamente por ter trabalhado aspectos muito demarcados. E pior ainda. Houve a abertura da censura e floresceu a indústria do filme pornográfico. Por isto esse filme ficou sem público e sem sala de exibição, pois nesse momento queriam a novidade do sexo explícito. O filme ficou engavetado e quando foi exibido, teve que ser em salas desse tipo, muito tempo depois.

Apesar disso eu gostei bastante da experiência. Ele tinha o ímpeto de uma classe social e de um grupo que se manifestava. Podia ser amador, mas por força da inteligência e da vontade que há nele, inspirava a minha participação e dedicação. Cheguei mesmo a pedir ao produtor que não deixasse o filme sem recursos, num momento em que ele já queria finalizar tudo. Além disso, cada um dos diretores deixou no filme alguma marca biográfica. A longo prazo eu fui muito beneficiado por meu interesse por esse filme. Um deles fez uma carreira ótima em cinema e televisão, o Nascimbeni. O Magaldi foi pra Europa e fez carreira, voltou e tem projetos para fazer filme religioso. Sempre que possível, eles me chamam para participar, montar, fazer documentários, como no Senac dirigidos pelo Pitta que é muito talentoso. O Nascimbeni, inclusive, me convidou para montar Ilha Rá-Tim-Bum na televisão.

Capítulo XIV

A Hora da Estrela e das Figurantes

Eu adorei esse filme, mas o meu nome nem está nos créditos, pois não participei do corte final feito pela Idê Lacreta. Eu fiz experiências de montagens muito legais nesse filme. Eu achei que iriam conversar comigo sobre isso, mas não aconteceu.

A Suzana Amaral havia estudado nos Estados Unidos, e por isso ela quis que eu montasse, porque eu seria capaz de montar da maneira como ela aprendeu. Por isso eu pedi que o som da coluna guia fosse copiado para que eu pudesse remontar o som dublado. Ocorre que isso era muito caro para a produtora. Ao contrário disso, o som dublado em pistas separadas para personagens diferentes já veio mixado e ficou mais complicado para fazer o sincronismo, que acabou dando alguns problemas, o que rendeu ao filme algumas críticas que eu senti muito porque eu poderia ter corrigido, pois fui eu que causei. Se tivessem me chamado, eu teria ido!

Além disso, creio que eu tinha exigências que estavam acima do orçamento do filme que foi feito, na verdade, com um orçamento mais apertado do que o necessário, assim, como se tivesse sido feito com os 2/3 adiantados sobre o orçamento original. Assim, a sua riqueza era o próprio filme, o que levava a uma batalha com o material, que eu gostaria de ter contornado. A cena do atropelamento da moça eu decupei, mas foi por aí que eu parei, pois achei que não era o filme para eu mexer A montagem tornou-se um trabalho especialmente difícil e eu tinha que largar.

Ao mesmo tempo a Macabéia me condoía tanto, que eu chorava na moviola. Era dolorido. Eu sofri pessoalmente com a trama, por me ligar com os personagens. Não é habitual, mas o que acaba acontecendo, quando isso ocorre, é que o filme me recompõe e me tira dessa emoção. As necessidades do filme impõem a sua própria montagem e me garantem que estou indo pelo caminho certo, ainda que por vezes eu pudesse ter me envolvido e perdido o senso crítico, o que é inevitável muitas vezes, mas que o próprio filme torna possível recuperar.

Capítulo XV

Até que a Vida nos Separe e Fogo e Paixão

Embora sejam filmes distintos, de diretores diferentes e com uma diferença de 10 anos entre si, *Até que a Vida nos Separe* e *Fogo e Paixão* têm em comum a preocupação com o cenário, com os objetos, com a forma do que é mostrado. A cenografia é central assim como a luz e a cor. A narrativa é servida pela cenografia. No *Fogo e Paixão* a aparência chega a ser o conteúdo. Ele se vale das pistas falsas, o que leva o público a antecipar a resolução do problema. E nem sempre isso acontece, uma vez que o que se mostra é só a significação e muitas delas são muito óbvias, cansam pelas surpresinhas. Assim mesmo *Fogo e Paixão* é adorável. Feito por dois arquitetos – Márcio Kogan e Isay Weinfeld – há cenas feitas em planta baixa do local. O conflito quase não existe, é da mesma natureza: assim é se lhe parece. De um modo geral, a descoberta tem um gosto de ironia em relação ao que se considera *chic*, ou artístico. Eu adorei fazer o filme porque ele é inteiramente plástico e inteiramente surpresa, eu trabalhava com elemento surpresa, a beleza dele é tão marcada que se torna um elemento de grande interesse. Eu sentia vontade de não montar e só ficar olhando, olhando...

O visual importa muito também em *Até que a Vida* nos Separe do José Zaragoza e, mais do que isso, importa que esse visual seja de um *design* bem avançado e que pareça um *showroom*, mas é onde as pessoas moram. É São Paulo toda que aparece. O conteúdo tem um segredo que é observar como à vida das pessoas está amalgamado o mundo da publicidade (que o diretor Zaragoza conhece bem). Ele aborda esse mundo tal como ele é visto pelas pessoas que estão fora dele. E isto parece que gerou uma repulsa no público, como a uma acusação. Mas é uma fita que tem declarações que interessam muito para a vida moderna.

Capítulo XVI

Hector Babenco

Conheci o Babenco através do Ramalho e fui encarregado da sonorização da versão internacional do *Pixote*, ou seja, uma trilha de som que tenha ruídos e música, mas sem o diálogo, que será dublado no idioma do país onde será exibido. As trilhas do filme eram muito ruins. O editor, para baratear os custos (menos rolos de silêncio e menos horas de trabalho), como precisavam de duas pistas de diálogo, usou também a pista de música para diálogos adicionais, bem como alguns ruídos nas pistas de música e diálogo, criando problemas para a mixagem. Apesar disso, a trilha era muito rica, com efeitos inusitados, absurdos funcionais, que não se ouviriam na realidade, feitos pelo Hugo Gama, o editor de som. Tive que trabalhar muito no remanejamento das trilhas, assim como criar outros sons para as cenas de som direto. Eram muitas, e precisaram-se dublar os ruídos naturais da cena.

Foi assim que eu tive contato com o Babenco. Logo em seguida veio o convite para fazer *O Beijo da Mulher Aranha*. Ocorre que, dentre os montadores disponíveis, eu era o único que sabia rudimentos de inglês.

Cartaz de O Beijo da Mulher-Aranha, de Hector Babenco

A minha grande escola dessa língua, além do curso ministrado obrigatoriamente no Secundário, foi aprender versos de foxes, aquele ritmo musical americano, muito apreciados e executados quando eu era rapaz. Eu entendia e também procurava o significado no dicionário. Além disso, o produtor americano do filme, David Weissman, carregava um português bem compreensível, e eu tinha uma boa assessoria. Comecei a montar o filme aqui. Quando ficou pronto o filmão, era tão intrincado que ninguém gostava sem escusas.

Depois que foi filmado o roteiro sobre os dois prisioneiros, a cela e a prisão, começaram as filmagens do filme que era contado dentro do filme, como foi criado pelo escritor Manuel Puig para enredar psicologicamente a trama dos dois prisioneiros. Era um filme nazista, mas tão sedutor que o produtor americano arrumou mais dinheiro para desenvolver a história, e acabou se perdendo.

Nesse momento, o Babenco estava com bolas no pescoço e na virilha, e precisava se operar. Ele nem sabia ainda o que era. O pai dele tinha morrido havia pouco e ele não podia parar de trabalhar para não atrasar a filmagem, porque era um trato de honra terminar a parte do William Hurt na data, pois ele tinha outro contrato para cumprir. Terminada a filmagem, ele se operou. Foi identificada uma forma de câncer, como foi noticiado na imprensa, mas logo se descobriu que esse diagnóstico era equivocado. Ele precisava de tratamentos especiais.

Com a doença do Babenco, fomos todos para os Estados Unidos, onde ele pôde continuar o tratamento. Ele e nós sabíamos que viagem servia para terminar o filme e, sobretudo, para o Babenco se tratar. Ficamos em Los Angeles.

Eu comecei a montagem e ele voltou ao Brasil para descansar. Fiquei por lá sozinho e não sabia o que fazer com o filme. Sabia apenas que tinha que encurtá-lo. Foi quando o Leonard Schrader, autor da adaptação do livro de Puig para o cinema, e que até então estava trabalhando no Japão com *Mishima* do irmão Paul, voltou aos Estados Unidos. Ele se dava bem com o Babenco e veio trabalhar comigo. Assim, a ausência do Babenco foi bem preenchida. Ele supriu muito bem com vozes em *off* do Hurt a essência útil das cenas que iam caindo fora.

Por outro lado, havia reticência dos americanos ao encadeamento do filme, pois até a metade não acontecia nada – achavam eles. Quer dizer, nada de excepcional – desastres, terremotos, eventos e... bem, eventos.

Cenas de O Beijo da Mulher-Aranha, *de Hector Babenco*

O que estava acontecendo era a preparação para o drama. Eu achava que o filme era sobre o poder, sem que isso aparecesse. O poder que estava sobre aqueles dois indivíduos. Um deles, Molina, queria saber do outro para contar ao poderoso, que era o diretor da prisão que, por sua vez, lhe prometera liberdade para poder sair e tratar da mãe que estava doente. Molina, o prisioneiro homossexual vivido por William Hurt, estava arrependido pelo que havia provocado à mãe, por sua natureza marginal. Mas os americanos não viam que o acontecimento era esse, e queriam ação: que eles fizessem aquilo que tinham que fazer logo: apagar a vela e...

Eles se incomodavam também com um compromisso do Babenco com o escritor, Manuel Puig, de revelar o segredo do Molina para o público, nas mesmas condições em que é revelado no livro, no centro geométrico da narrativa. Mas os narradores americanos fazem as grandes revelações dos filmes no primeiro terço, ou seja, revelar que Molina – William Hurt – estava a serviço do diretor da prisão. E eu não queria mudar, queria ser fiel ao roteiro e ao compromisso do Babenco com o escritor.

Na versão brasileira isso valeu, enquanto na versão americana, eles anteciparam a revelação na cena em que o Raul Julia vê seu antigo chefe de luta política, preso e torturado.

Algumas coisas foram mudadas à nossa revelia. Por exemplo: a produção do filme fez acordo com uma transportadora que serviu a produção, em troca de várias aparições do caminhão em cena. Claro que muitas das passagens do caminhão foram completamente gratuitas, e eu suponho que isso foi tirado na versão americana.

Na verdade, essa solução americana não era ruim, mas eu fazia questão de manter a nossa concepção e o compromisso acertado com o autor. Isso me tornava um pouco antipático para as pessoas com quem eu trabalhava – duas moças americanas – que detestavam o filme. O beijo entre os dois homens era, para elas, de mau gosto (*disgusting*!; *disappointing*!), na verdade elas estavam muito incomodadas com Julia e Hurt nesses papéis. Isso criou uma atmosfera difícil, pois, apesar da nossa grande amizade, eu tinha que manter a minha posição. E felizmente, a amizade perdurou sobre as diferenças.

O primeiro toque que eu recebi para trabalhar no *Beijo* foi quando o Ramalho me perguntou se eu conhecia o bolero Flores Negras, da Elvira Rios, que eu conhecia bem, porque tinha ouvido e visto no cinema. Isso surgiu porque de início pensavam em fazer uma coletânea de filmes mexicanos, mas depois de muitas adaptações, chegaram ao *Beijo da Mulher Aranha* com o melodrama antigo alemão.

Na verdade, nessa experiência, Babenco estava fazendo um filme sobre a morte e nós todos partilhamos.

Quando os recursos da procução estavam quase acabando, fomos para Nova York e Babenco pôde então se juntar a nós. Ele ainda não estava bom, mas sempre teve uma força interior muito grande, muita vontade de viver. Ele estava fragilizado, mas ao mesmo tempo tinha que trabalhar. Conviver com isso era para todos nós muito doloroso. As coisas que cercaram o Babenco naquela época foram tão marcantes, que acho até que ele se acostumou a ser muito bem tratado, e isso talvez explique as reclamações das pessoas com o gênio dele hoje.

E lá em Nova York era muito gostoso. Eu conversava com o Schrader sobre montagem, e com Babenco, nas caminhadas pelas ruas. Um dia andávamos em silêncio e de repente eu me dei conta que estava na Broadway, indo em direção ao Sound One, o edifício histórico tombado onde estão hoje os complexos de cinema, nas salas onde antes havia os complexos de rádio e jazz. O prédio mantém até hoje as características *art dèco*. O estúdio onde estávamos trabalhando era lá.

Com tudo isso, sair de Nova York foi muito penoso, pois a experiência e o aprendizado foram muito intensos. Por exemplo, aprender o que é o Oscar. É um momento social tão grande. As pessoas se reúnem em grupos para assistir pela TV. O trânsito fica infernal, pois todos saem cedo para assistir desde o início (isso em Los Angeles). Todos querem ver, todos tem interesses profissionais. De alguma forma, todos lá tem algum envolvimento, assim, todos têm alguém por quem torcer. Na verdade, era como uma final de Copa do Mundo para nós. E eles eram tão interessantes que me agride pensar que há quem os ache pessoas burras ou sem sentimentos.

Aprendi com eles a metodização, a distribuição das atribuições para que se pudesse chegar a um resultado e também avaliá-lo. Delegar serviço, por exemplo, coisa que eu não fazia aqui, porque não tinha assistentes. Foi um alívio enorme.

E eu fiz ainda a edição de música, pois desde esse filme, o Babenco tem fixação em mim para a música. Ela foi feita no Brasil pelo John Neschling. Apesar do meu temor de que não fosse suficiente ou eficaz, a música ficou muito boa e acho até que poderia ter mais. Eu ainda não estava acostumado com tamanha economia de música. Além disso, o William Hurt, por seriedade e profissionalismo, pediu para regravar uma série de falas porque, devido ao trabalho entre a filmagem e as gravações, ele temia estar muito interiorizado, se tivesse perdido a linha do seu dificílimo personagem. Mas apesar do trabalho que deu, ninguém chiou.

Além disso, os americanos são extremamente profissionais. Para eles, tem-se que fazer a coisa que serve e não o quebra-galho, como nós. É preciso ter sempre o material eficiente, aquele que supra as necessidades. Nós não pensamos assim. Qualquer coisa serve. A gente quebra o galho. Por outro lado, eu sei que contribuí também com eles para que refletissem sobre a montagem, sobretudo com o som.

Eu aprendi também com as exigências de limpeza com o magnético, deixando de lado o lápis dermatográfico, o que foi uma grande conquista. Na Vera Cruz foi o Hafenrichter que introduziu esse hábito.

Anos depois eu voltei para o mesmo estúdio em Nova York para mixar *Até que a vida nos Separe*, pois trabalha na Sound One um mixer que de tanto ouvir música brasileira, aprendeu rudimentos de português, é fácil o entendimento e ele gosta do cinema feito no Brasil. No *Beijo da Mulher Aranha*, ele era apenas operador da mesa de dublagem, pois até a última hora não se encontrava um meio para interpretar a voz com que a Sonia Braga canta em francês.

Até que se resolveu que ela falasse cantando. Fiquei surpreso que um homem de ar tão abobalhado como o daquele operador pudesse emitir frases tão inteligentes e bem sacadas. Na realidade, ele estava abobalhado pela presença da Sonia, e o talento, a acessibilidade que ela oferece. Criamos amizade com Mr. Reilly Steele e a sua esposa brasileira, que todos conheceram no laboratório Revela, Sra. Elisabeth (Betty) Viana Pereira Steele. Pois, continuando, nesta segunda vez, encontrei lá inovações técnicas que não eram gratuitas, ao contrário, facilitavam e melhoravam a qualidade do trabalho.

Em *Brincando nos Campos do Senhor*, de 1990, eu fui a ponte brasileira, pois a produção era americana. Foi interessante participar e conviver com uma equipe internacional. Em geral eu, os montadores em geral, temos muito pouco contato com os atores. Salvo em dublagens, como acontecia na Vera Cruz, ficávamos isolados na nossa sala. Não há grande convívio com o restante da equipe. Se eu acompanho a filmagem com a montagem em paralelo, eu tenho um contato maior com o diretor de fotografia. No *Coração Iluminado*, por exemplo, eu tinha muita assistência do fotógrafo Lauro Escorel.

Coração Iluminado é um acerto ímpar na carreira do Babenco. O invólucro, o visual, tende para uma delicadeza que não corresponde à densidade que a gente entrevê, pressente e acaba sentindo totalmente. Eu fiz grande parte da montagem achando que eu conhecia o personagem daquele moço por experiências minhas, por ter passado problemas semelhantes aos que ele, como judeu, passou, até que eu descobri que eu jamais tive ou poderia ter tido experiências parecidas, e isso não é apenas por causa do ator, mas por alguma coisa que está no filme. Algo semelhante com a *minha* Macabéia. Eu trabalho para tirar os excessos, para aproveitar o que ele tem de melhor, para sobrar para o público aquilo que o público vai levar por muito tempo. Eu acho que o processo era esse. Eu recebia em cheio a problemática do filme e os poderes que emanavam da imagem daquelas figuras.

A segunda parte do filme, que muitos acham inferior à primeira, eu também sentia denso, e pronto para eclodir uma verdade muito superior dentro dos personagens. É um outro enigma.

O Babenco não gosta que os atores vejam o copião e os atores, se não se vêem, ficam num tormento que não é só vaidade, eles querem saber como aparecem. Um dia eu estive na filmagem e contei para o ator principal que ele podia ficar descansado, que ele estava bem. Num outro momento, fui me despedir da Maria Luiza

Mendonça (que faz o papel de Ana) e, ao invés de dizer o nome dela, disse, *Tchau Ana*. Ela ficou comovida. *Mauro, você acaba de fazer o maior elogio que uma atriz pode ouvir*. Foi um ato falho meu, fiquei muito sem graça, mas ela tinha razão. Foi uma relação que criou um sentimento de proximidade muito grande com ela.

Que eu lembre, só tive essa nuvem amorosa que cerca a idolatria pela Lillian Lemmertz. Talvez, também, a minha derretida veneração juvenil pela Cacilda Becker.

Coração Iluminado é um filme inesquecível. Talvez por Buenos Aires, que é lindíssima. Havia também a comida deliciosa, a sala de montagem, que ficava numa faculdade de comunicações que era muito movimentada. A ultima montagem foi feita nos Estados Unidos, no Sound One, o complexo onde havia finalizado *O Beijo da Mulher Aranha*.

Quanto ao *Carandiru*, na verdade, me ficaram alguns incidentes, como o dos letreiros de apresentação do filme.

O rapaz que fez o cartaz do filme, que é muito bom, fez também a apresentação do filme, mas eu não gostei. Ele é publicitário e a apresentação mais parecia um filme de assinatura, um filme

Primeira edição de digital feita por Mauro Alice com Coração Iluminado. Buenos Aires, 1998

Maria Luiza Mendonça, Walter Queiroz e Mauro Alice num set de filmagem de Coração Iluminado de Héctor Babenco. Buenos Aires, 1998

publicitário. Ele pegou coisas muito interessantes: filmou uma vista aérea de São Paulo feita por satélite e quando chegou em cima do Carandiru aproximou a câmera até a tela ficar preta, e quando a câmera bate no Carandiru, saía um fogo que formava, por força ignota emanada do mais alto (a mente do reclamista) as letras do título. Isso me parecia bobinho e infantil. O nome do filme aparecia como a assinatura de um objeto para ser comprado, como a etiqueta ou rótulo aposto no produto. Eu identifiquei, protestei, pois fiz tanto isso em propaganda. Mas o pessoal não quis saber, assim como o próprio Babenco. Além disso, eu não comentei na época, mas o resultado se parecia demais com uma campanha de caminhões da Ford: em um determinado momento do filminho, o capô de um caminhão é baixado com força, com um som forte, e daí sai um fogo que forma o oval da marca Ford. No filme havia um procedimento muito semelhante. Era uma assinatura e não o que se esperava que fosse a introdução do clima de um filme. Isso é fundamental.

Eu disse ao Babenco que aquilo era juvenil, fazer foguinho. E daí eu acho que ele pescou no ar e, felizmente, tirou o foguinho.

Mas parece que as pessoas perderam o sentido da introdução, da abertura tal como existe na música, na ópera. Até *Mamãe eu Quero* tem introdução. É isso que nos coloca no clima, que nos coloca dentro daquilo que se abre na tela para o espectador. *Abre os leques do coração* como lembra o início das Mil e Uma Noites. É preciso fazer com que a pessoa que chegou ao auditório saia de tudo quanto deixou lá fora e entre no clima do espetáculo, através do sentido dele, que se vai assistir. Que a obra passe a ser a predominante já no existir daquele momento. Toda obra tem uma abertura para dar o tom do que vai seguir. Muitas vezes não há mais ligação entre a abertura e a obra em si. No *Carandiru* vem a cena inicial, mas a linguagem parece outra. Errada. É muito ruim.

Para mim foi conflitante porque o resultado, eu achei, desastroso, já que eu também não pude fazer nada. Eu não podia dizer ao criador o que fazer. E me diziam que a abertura era boa porque marcava o nome do filme. Mas para quê, se estamos diante do filme. Não havia necessidade de marcar o nome.

No *Carandiru* houve uma outra contrariedade. Aproveitando um dia em que eu fiquei doente por conta das condições de trabalho num estúdio gélido, eu adoeci e faltei um dia. No dia seguinte me comunicaram um corte que havia sido feito num arranjo que eu fiz para consertar uns *takes*

Cartaz de Carandiru

que estavam muito mal filmados. *Takes* e mais *takes* que não conjuminavam, e não tinha mais como filmar. Para alongar a duração do único material que era aproveitável, eu fiz câmera lenta, tentando concertar um defeito de filmagem. O diretor de fotografia considerou uma intromissão e tirou. E daí ficou aquilo que eu estava evitando, que é linguagem barata que não se coadunava com todos os aspectos da produção: um plano geral atrás do outro – panorâmica pra esquerda, pra direita, que não serviam naquele momento. Eu gostava muito daquele arranjo que eu tinha proposto que era bem no início da cena e tinha uma ligação muito grande com o encerramento da seqüência, embora eu não goste muito dos efeitos de manipulação com a velocidade da câmera. Mas eles tiraram, eu não protestei e está lá a porcaria, como se fosse um retrato de lambe-lambe da Estação da Luz. Eu acho que é conflitivo, mas é muito ocasional, e afinal, ninguém deixou de ver o filme por causa disso, então por que me atormentar. Mas está lá a porcaria.

Claro que há sempre picuinhas, quem vai prevalecer. E eu na verdade, entrego tudo para o diretor. Eu trabalho para o diretor. Eu gosto de ser um operário do filme. Eu me considero parte da engrenagem, não sou autor. Eu lido com elementos de autoria que é dos outros, e isso causa conflito.

Eu vi também *O Prisioneiro da Grade de Ferro* do Paulo Sacramento e gostei muito, é um outro tempo.O filme do Babenco é tirado de um livro de um médico que estava desde os anos 80 tentando levar rudimentos de higiene a pessoas que naquela situação não eram presos, mas pacientes. *Carandiru* mostra a crise daquele sistema prisional mais do que o documentário que está centrado na vicissitude de estar encarcerado pela lei, sem atingir o lado humano, mas a pessoa física. São filmes muito diferentes que não se completam.

O filme do Paulo tem mais coragem do que execução enquanto o do Babenco é o contrário. Não que não tenha coragem, mas é de outra natureza.

O filme do Paulo me comoveu muito pela abordagem. Lá os presos são um grupo, sem formar tipos, como aqueles que o Babenco vai justamente explorar: o namorador, o evangélico, o líder, a bicha. Tipos, que a fotografia configura apenas nos seus aspectos antropomórficos.

Para quem não gosta de falar no *Carandiru*, já falei até demais. Fui!!!

Capítulo XVII

A Ópera no Coração

A Grande Noitada do Denoy de Oliveira, no fim dos anos 90, foi um filme especial na minha carreira, que eu gostei muito de fazer porque remete ao universo da ópera, que me é especialmente caro. Devo isso à Cristininha (Cristina Amaral), que não podia montá-lo e recomendou o meu nome. Esse universo da ópera ao qual me referi, ocorre assim: Como numa metalinguagem, cada um dos personagens do filme pertence à ópera: a moça é Mimi, de *La Bohème*, aparece o barbeiro como aquele de Sevilha, o bandido da *Carmen*. O final é uma encenação de Wagner com o Prelúdio do Amor e da Morte, de *Tristão e Isolda*, em que aparecem todos os personagens citados em uma cenografia muito linda feita pelo irmão do Denoy, que serve, justamente, para brincar e assume a pobreza da produção e se torna, ao contrário, um recurso riquíssimo de estilo e sugestão – por exemplo: uma suposta montanha no horizonte noturno não é mais do que um compensado pintado, sem a menor vergonha de não parecer verídico. O personagem principal adora ópera. É um industrial que está cansado de viver, de ganhar dinheiro, tem que se esforçar muito na fábrica com os operários e teme um infarto. Mas se ele pudesse cantar... Do rádio do carro então emana *E lucevan le stelle* da

Tosca, de Puccini O homem faz uma digressão: *Ah, se eu tivesse uma voz como essa pra cantar toda esta beleza...* A cena é demais de linda e termina em *plongée*, as pessoas e a paisagem são invadidas pela altura, revelando o infinito cheio de estrelas, estrelas que são... lampadinhas penduradas, que ficaram muito lindas: tão nada e tão estrelas. Eu gostei muito mesmo. Mas o Denoy morreu antes da estréia e o filme não ficou mais de uma semana em cartaz. Quando eu vi a primeira cópia, me emocionei muito. Calou muito fundo. Além disso, ocorreram várias circunstâncias estranhas: o Othon Bastos, que representou o industrial que tem um infarto, teve também, no dia da filmagem, um infarto ao chegar à casa, mas, felizmente, sobreviveu, não foi como o Denoy.

Esse filme me marcou muito, pois foi feito com extrema pobreza de recursos, sem dinheiro para nada – Denoy não conseguia o dinheiro dos concursos – e morreu em plena amargura. Mas, como nos filmes dele, as pessoas riem, riem, riem...

Foi uma experiência incrível, sentimental e compensadora. Eu gostei muito de trabalhar com o Denoy e com um material tão especial, montar despertava sempre uma grande emoção. Muitas vezes, lágrimas me tiraram o foco. Mas eu não sofri.

O filme me recompunha.

Capítulo XVIII

Prêmios

Ao longo da minha carreira, ganhei alguns prêmios. Espera-se o prêmio por um filme, e ganha-se por outro. Ganhei um Saci (do jornal *O Estado de S. Paulo*) e uma Coruja de Ouro (do antigo INC).

O Biáfora, de quem eu era muito amigo, me dizia que eu nunca iria ganhar um Saci. Quando eu ganhei, brinquei muito com ele. Mesmo assim, ele dizia que 1961 não tinha sido um ano de bons filmes: *A Primeira Missa, Bahia de Todos os Santos, Jeca Tatu*. Só filme paulista. Eu ganhei por dois...

A propósito de Saci: o Vinicius, que trabalha com divulgação em revistas, há pouco tempo pediu para me visitar. Nem bem abri a porta, ele se arremessou para o armário da sala que serve de *altar* para os prêmios. Agarrou o meu Saci e logo se escusou. *Ah. Eu queria ver se tem assinatura* (?) Nem me ofendi, claro que está lá o nomão do Brecheret. Em continuação, ele me mostrou, num folheto de leilão numa galeria no Shopping Higienópolis, uma foto de estatueta de Saci, assinada, com o aviso que esclarece que *Lance mínimo 12.000 reais*. Isto significa que, por

Coruja de Ouro do INC. Melhor montagem de 1974. Filme O Anjo da Noite de Walter Hugo Khouri

Saci de Melhor Montagem de 1961 pelos filmes Primeira Missa de Lima Barreto e Tristeza do Jeca de Mazzaropi

quantia semelhante a essa, alguém ostenta um prêmio de melhor não-sei-quê de não sei qual ano.

A Coruja foi por um filme menor do Khouri, *Anjo da Noite*, de 1974, produzido numa época em que ele não estava nem na Vera Cruz e nem na Boca, que ele fez para um produtor do Amazonas, e não há cópias dele nem notícias do negativo. Este filme acaba de entrar na moda. Um jornalista me telefonou do Rio porque tinha assistido na noite anterior e naquela tarde ainda se achava em estado de choque, depois veio a S. Paulo para me fazer algumas perguntas sobre a motivação e sobre a competência de o diretor criar clima tão denso e sensorial.

Neste ano de 2005, aconteceu algo magnífico na minha vida, causado pela ABC, Associação Brasileira de Cinematografia, que premiava, primeiramente, os melhores do setor de Cinematografia; mais tarde, abriu o leque para outra categoria, o Som, quando este trabalho sedimentou a sua independência dentro do conjunto operacional da finalização de um filme; este ano, 2005, foi a vez da montagem, que retomou o posto de principal elemento da criação cinematográfica. Pois, então. Para quem não sabe ainda, conferiram a mim, Mauro Alice, um prêmio sem concorrência, pelo total da obra, não o melhor do ano, mas o melhor de todos os anos. Se não é assim, admito que sou eu quem espalha assim. Na mesma categoria, estava um outro operário, que faz manutenção de câmeras para que possam filmar eficazmente. Ele, Sr. Jechiatto Varrese, detém essa importância. Além deste, o fotógrafo Waldemar Lima, todo estilo e precisão, honrando a honraria. E, para quem não sabe – sabe quem me entregou o prêmio? O Ilmo. Sr. Hector Babenco. Ele tomou o meu rosto e me beijou as faces, no costume fraterno que os argentinos tão orgulhosamente mantêm. Tivemos direito a *clip* biográfico de pedaçúnculos e tudo. Tudo obra da ABC, sim, mas – sabe de quem? Do Carlão, do Lauro, do Affonso, do Kodato, da Tide. No começo do zunzum, eu pensei: Acho que descobriram que em dezembro completo 80 anos, e já estão evitando empanar festa da ABC com o luto de homenagens póstumas. Mas, à medida da passagem do tempo, fui ficando cada vez mais exultante, graças, também, às manifestações das meninas e rapazes da montagem de longas.

A única coisa ruim – não! péssima – foi que eu não preparei nada para dizer em agradecimento pela homenagem. Depois que todos falaram alguma coisa legal, achei minha obrigação falar. Destrinchei o que pudesse haver no montão de imagens sem claquete nem nada, consegui

Vera Gimenez e Jece Valadão entregam a Mauro Alice a Coruja de Ouro, 1974

Celebração da Coruja de Ouro na casa da irmã, junto com o Saci que também compareceu, 1974

arremater e comecei. E depois, quem conseguia achar um término, um final feliz e cheio de nobres sentimentos coletivos, esperanças no porvir (sabe, porvir?), coisas do gênero? Maior suplício se estampava na expressão dos membros da ABC no palco, que tinham tempo medido para os eventos da solenidade.

Voltei ainda ao palco no encerramento, para entregar o prêmio de Melhor do Ano. O premiado, sabe quem foi? Foi o Daniel, que eu gosto tanto deste montador, tanto que gosto muito. O prêmio foi por um filme da Gullane Filmes, mas – deixa p'ra lá, tudo bem, sabe como é?

Para quem viu um Oscar na frase escrita a carvão na parede sob a minha janela; para quem encontrou um prêmio no suspiro da Maureen Bisilliat quando terminei o filme dela a tempo de participar da Bienal de São Paulo: *Ah, Mauro, você caiu do céu!* – pois eu nunca soube de onde eu poderia ter caído – este prêmio da ABC, palpável, tocante, é um estímulo às amizades que a ABC consolida como nenhum órgão jamais conseguiu. Eu, que gostaria de montar todos os filmes do mundo, me achei capaz de montar alguns dos filmes de S. Paulo, ou deslanchar em outra direção, tal a força que incutiu no meu íntimo este prêmio. Fiel à sua origem, ele tem a forma estilizada de um olho, humano ou de câmera. De plástico, talvez nada registre; cego, que porte e semeie Justiça. É este o sentido com que o encara o premiado Mauro Alice. Sabe quem é?

Carteira da Associação Profissional dos Trabalhadores nas Indústrias Cinematográficas de São Paulo. 1961. A partir dessa associação foi criado o Sindicine, o Sindicato dos Profissionais de Cinema

Filmografia de Mauro Alice

2004
• *Vinho de Rosas* – Elza Cataldo, Montagem

2003
• *Carandiru* – Hector Babenco, Montagem

2001
• *Memórias Póstumas de Brás Cubas* – André Klotzel, Pré-Montagem

1999
• *Até que a Vida nos Separe* – José Zaragoza, Montagem

1998
Coração Iluminado – Hector Babenco, Montagem

1997
A Grande Noitada – Denoy de Oliveira, Montagem

1990
• *Brincando nos Campos do Senhor* – Hector Babenco, Assistente de Montagem

1988
• *Doida Demais* – Sérgio Rezende, Montagem

1987
• *Fogo e Paixão* – Márcio Kogan e Isay Weinfeld, Montagem

Festa de encerramento de Besame Mucho de Francisco Ramalho Jr., 1986

1986

• *Besame Mucho* – Francisco Ramalho Jr., Montagem

1985

• *A Hora da Estrela* – Susana Amaral – Montagem-básica não credenciada,

• *O Turista Aprendiz* – Maureen Bisilliat, Montagem

1984

• *Made in Brazil* – Carlos Nascimbeni, Francisco Magaldi, Renato Pitta, Montagem

• *O Beijo da Mulher-Aranha* – Hector Babenco, Montagem

1983

• *Pixote* – Hector Babenco, Sonorização

1982

• *Filhos e Amantes* – Francisco Ramalho Jr., Montagem

• *Retrato Falado de uma Mulher sem Pudor* – Jair Correia/Francisco Ramalho Jr., Montagem

• *As Aventuras da Turma da Mônica* – Maurício de Souza, Montagem

No curso de Cinema da Faap Mauro Alice fala aos alunos sobre a montagem, 1994

1979

• *Alucinada pela Paixão* – Sérgio Hingst, Montagem

1974

• *O Anjo da Noite* – Walter Hugo Khouri, Montagem

• *As Cangaceiras Eróticas* – Roberto Mauro, Montagem

• *Jecão: Um Fofoqueiro no Céu* – Pio Zamuner/ Amacio Mazzaropi, Montagem

1973

• *Pantanal de Sangue* – Reynaldo Paes de Barros, Montagem

• *Um Caipira em Bariloche* – Pio Zamuner/ Amacio Mazzaropi, Montagem

• *O Detetive Bolacha contra o Império do Crime* – Tito Teijido, Montagem

1971

• *As Noites de Iemanjá* – Maurice Capovilla, Montagem

1970

• *Balada dos Infiéis* – Renato Santos Pereira, Pré-Montagem

• *Quelé do Pajeú* – Anselmo Duarte, Sonorização

Preparação do filme Maré Alta *na Baía de Paranaguá. 1965*

- *As Gatinhas* – Astolpho Araújo, Montagem

- *Transplante de Mãe* in *Em cada Coração um Punhal* – Sebastião de Souza, Montagem

- *O Palácio dos Anjos* – Walter Hugo Khouri, Montagem

1969
- *OSS-117 Prend dês Vacances* (Verão de Fogo) Pierre Kalfon, Montagem

1966
- *O Corpo Ardente* – Walter Hugo Khouri, Montagem

- *O Puritano da Rua Augusta* – John Dôo/ Mazzaropi, Montagem

- O Círculo Perfeito – Prof. Leonel Moro, Montagem

- *Maré Alta* – Egydio Éccio, Montagem

1965
- *Vereda da Salvação* – Anselmo Duarte, Montagem

Imitando o Sol ou O Homem das Encrencas – Geraldo Vietri, Montagem

1964
- *Noite Vazia* – Walter Hugo Khouri, Montagem

1963

• *Casinha Pequenina* – Glauco Mirko Laurelli/ Amacio Mazzaropi, Montagem

• *O Casaco* (in *Claudia*) – Beatriz Segall, Montagem

1962

• *O Vendedor de Lingüiças* – Glauko Mirko Laurelli/Amacio Mazzaropi, Montagem

1961

• *Bruma Seca* – Mario Civelli, Montagem

• *A Primeira Missa* – Lima Barreto, Montagem

• *O Pagador de Promessas* – Anselmo Duarte, Sonorização

• *Tristeza do Jeca* – Milton Amaral/Amacio Mazzaropi, Montagem

1960

• *Mistérios da Ilha de Vênus* - Douglas Fowley, Assistente de Montagem

• *Jeca Tatu* – Milton Amaral/Amacio Mazzaropi, Montagem

• *Na Garganta do Diabo* – Walter Hugo Khouri, Montagem

1959

• *Ravina* – Rubem Biáfora, Montagem

1958

•*Alegria de Viver* – Watson Macedo, Montagem

• *A Grande Vedete* – Watson Macedo, Montagem

1957

• *Rio Fantasia* – Watson Macedo, Montagem

• *A Baronesa Transviada* - Watson Macedo, Montagem

• *Rico Ri à Toa* – Roberto Farias, Montagem

1956

• *O Sobrado* – Walter George Durst, Assistente de Montagem

• *A Estrada* – Oswaldo Sampaio, Assistente de Montagem

• *O Gato de Madame* – Agostinho Martins Pereira, Montagem

1954

• *Uma Pulga na Balança* – Luciano Salce, Auxiliar de Montagem

• *Candinho* – Abílio Pereira de Almeida, Montagem

• *Floradas na Serra*- Luciano Salce, Assistente de Montagem

1953
• *Sinhá Moça* – Tom Payne, Auxiliar de Montagem

1952
• *Veneno* – Gianni Pons, Auxiliar de Montagem

• *Sai da Frente* – Abílio Pereira de Almeida, Assistente de Montagem

• *Apassionata* – Fernando de Barros, Assistente de Montagem

1951
• *Ângela* – Tom Payne, Auxiliar de Montagem

1950
• *Caiçara* – Adolfo Celli, Auxiliar de Montagem

• *Terra é Sempre Terra* – Tom Payne, Auxiliar de Montagem

Filmografia Geral

2003
- *O Prisioneiro da Grade de Ferro* – Paulo Sacramento
- *Carandiru* – Hector Babenco, 2003

1999
- *Até que a Vida nos Separe* – José Zaragoza,

1998
- *Coração Iluminado* – Hector Babenco

1990
- *Brincando nos campos do senhor* – Hector Babenco

1987
- *Fogo e Paixão* – Márcio Kogan e Isay Wenfeld
- *Besame Mucho* – Francisco Ramalho Júnior

1985
- *Mishima* (idem) – Paul Schrader

1984
- *Made in Brasil* – Carlos Nascimbeni, Francisco Magaldi e Renato Pitta
- *Beijo da Mulher Aranha* – Hector Babenco

1982

• *Retrato Falado de uma Mulher sem Pudor* – Francisco Ramalho Jr. e Jair Correia

• *Filhos e Amantes* – Francisco Ramalho Jr.

1981

• *Mulher Objeto* – Silvio de Abreu

1979

• *Alucinadas pela Paixão* – Sérgio Hingst

1975

• *Casa das Tentações*, Rubem Biáfora

1974

• *O Anjo da Noite* – Walter Hugo Khouri

1973

• *Pantanal de Sangue* – Reinaldo Paes de Barros

1970

• *O Palácio dos Anjos* – Walter Hugo Khouri

1969

• *O Dragão da Maldade contra o Santo Guerreiro* – Glauber Rocha

• *Ela a Feiticeira*, (She) – Lansing C. Holden e Irving Pichel

• *Verão de Fogo* (OSS-177 Prend des Vacances) – Pierre Kalfon

1966
- O *Corpo Ardente* – Walter Hugo Khouri

- O Puritano da Rua Augusta – Amacio Mazzaropi

1965
- O *Senhor da Guerra* (The war lord) –, Franklin J. Schaffner

- *Vereda da Salvação* – Anselmo Duarte

1964
- *Deus e o Diabo na Terra do Sol* – Glauber Rocha

- *Noite Vazia* – Walter Hugo Khouri

1962
- *Porto das Caixas* – Paulo César Saraceni

- *Tristeza do Jeca*, Amácio Mazzaropi

- *Tudo contra Ela*

- Os *Cafajestes* – Ruy Guerra

1961
- O *Ano Passado em Mariembad* (L´année passe à Marienbad) – Alain Resnais

1960
- *Bahia de Todos os Santos* – Trigueirinho Neto

- *Couro de Gato* – Joaquim Pedro de Andrade

- *Na Garganta do Diabo* – Walter Hugo Khouri

- *Jeca Tatu* – Milton Amaral

- *Primeira Missa, A* – Lima Barreto

1959
- *Ravina* – Rubem Biáfora

- *Chofer de Praça* – Milton Amaral

1958
- *A Grande Vedete* – Watson Macedo

- *Fronteiras do Inferno* – Walter Hugo Khouri

- *Alegria de viver* – Watson Macedo

1957
- *A Baronesa Transviada* – Watson Macedo

1956
- *O Gato de Madame* – Agostinho Martins Pereira

- *Rio Fantasia* – Watson Macedo

- *A Estrada* – Oswaldo Sampaio

- *O Sobrado* – Walter George Durst

1955
Carnaval em Lá Maior – Luís de Barros

- A *Carrocinha* – Agostinho Martins Pereira

1954
- *Candinho* – Abílio Pereira de Almeida

- *As Cangaceiras Eróticas* – Roberto Mauro

- *Floradas na Serra* – Luciano Salce

1952
- *Nadando em Dinheiro* – Abílio Pereira de Almeida

- *Sai da Frente* – Abílio Pereira de Almeida

- *Apassionata* – Fernando de Barros

- *Tico-Tico no Fubá* – Adolfo Celi

1950
- *O Painel* – Lima Barreto

- *Rashomon* – Akira Kurosawa

- *Caiçara* – Adolfo Celi

1949
- *A Sombra da Outra* – Watson Macedo

1948
- *Inconfidência Mineira* – Carmem Santos

1946
- *Enamorada* (idem) – Emílio Fernandez

1945

- Les *Dames de Bois de Boulogne* (As damas do Bois de Boulogne) – Robert Bresson

1944

- *Modelos* (Cover Girl) – Charles Vidor

1943

- *Moleque Tião* – José Carlos Burle

1938

- *Bombonzinho* – Joraci Camargo

1936

- *Flash Gordon no Planeta Mongo*, (Flash Gordon) – Frederick Stephani

- *Alô Alô Carnaval* – Adhemar Gonzaga

- *Bonequinha de Seda* - Oduvaldo Viana

1935

- *Favela dos Meus Amores* – Humberto Mauro

- *Cidade Mulher*, Humberto Mauro

- *A Condessa Descalça* (The Barefoot Contessa) Joseph Manckiewicz

1934

- *Viva Villa* (idem) – Jonh Comway

1933

• *Os Três Mosqueteiros* (The Three Musketeers, 12 episódios) – Armand Schaeffer e Colbert Clark

• *Romance em Budapest* (Zoo in Budapest) – Rowland V. Lee

1932

• *Mulher* – Octávio Gabus Mendes

• *Êxtase* (idem) – Gustav Machat

• *A Guerra da Valsas* (Es war einmal ein Walzer), Victor Janson

• *Viva México* (idem) – Sergei Eiseinstein

1931

• *Senhoritas de Uniforme* (Madchen un uniform) – Leontine Sagan

• *O Congresso se diverte* (Der Kongress tanzt), Erik Charell

1930

• *O Anjo Azul* (Der blau engel) – Josef von Sternberg

• *Limite* – Mário Peixoto

1929

• *O Uivar das Feras* (The King of the Congo, 10 episódios) – Richard Thorpe

1928

• *Uma Mulher de Negócios* (A woman of affairs) – Clarence Brown

1927

• *Sétimo Céu* (Seventh Heaven) – Frank Borzage

• *Aurora* (Sunrise) – F.W. Murnau

1926

• *Michel Strogof* (idem) – Viktor Tourjansky, Alemanha/França

Índice

Apresentação – José Serra	5
Coleção Aplauso – Hubert Alquéres	7
Introdução – Sheila Schvarzman	11
O que É Montagem?	21
Leite e Ópera	47
De Químico a Assistente de Montagem	83
Rio	129
O Incêndio no Estúdio da Brasil Vita Filmes	141
De Volta à Velha Casa	145
Mazzaropi	155
Lima Barreto, Hipnotizador.	171
Grande Sertão – Vereda	187
O Amor pelos Planos	197
Experiência Internacional	213
Khouri em Cores	225
Anos 1970 e 1980 – Boca do Lixo e Publicidade	233
A Hora da Estrela e das Figurantes	245
Até que a Vida nos Separe e Fogo e Paixão	247
Hector Babenco	249
A Ópera no Coração	269
Prêmios	271

Filmografia de Mauro Alice	281
Filmografia Geral	292

Crédito das Fotografias

Cia. Cinematográfica Vera Cruz 92, 95, 96, 108, 115, 144, 196, 199, 204, 207, 209, 210, 212, 214, 221, 222, 223, 224

Norman Hollyn 31

Norman Hollyn – The Film Editing Room Handbook 189

A presente obra conta com diversas fotos, grande parte de autoria identificada e, desta forma, devidamente creditada. Contudo, a despeito dos enormes esforços de pesquisa empreendidos, uma parte das fotografias ora disponibilizadas não é de autoria conhecida de seus organizadores, fazendo parte do acervo pessoal do biografado. Qualquer informação neste sentido será bem-vinda, por meio de contato com a editora desta obra (livros@imprensaoficial.com.br/ Grande São Paulo SAC 11 5013 5108 | 5109 / Demais localidades 0800 0123 401), para que a autoria das fotografias porventura identificadas seja devidamente creditada.

Coleção Aplauso

Série Cinema Brasil

Alain Fresnot – Um Cineasta sem Alma
Alain Fresnot

Agostinho Martins Pereira – Um Idealista
Máximo Barro

O Ano em Que Meus Pais Saíram de Férias
Roteiro de Cláudio Galperin, Bráulio Mantovani, Anna Muylaert
e Cao Hamburger

Anselmo Duarte – O Homem da Palma de Ouro
Luiz Carlos Merten

Antonio Carlos da Fontoura – Espelho da Alma
Rodrigo Murat

Ary Fernandes – Sua Fascinante História
Antônio Leão da Silva Neto

O Bandido da Luz Vermelha
Roteiro de Rogério Sganzerla

Batismo de Sangue
Roteiro de Dani Patarra e Helvécio Ratton

Bens Confiscados
Roteiro comentado pelos seus autores Daniel Chaia e Carlos
Reichenbach

Braz Chediak – Fragmentos de uma vida
Sérgio Rodrigo Reis

Cabra-Cega
Roteiro de Di Moretti, comentado por Toni Venturi e Ricardo
Kauffman

O Caçador de Diamantes
Roteiro de Vittorio Capellaro, comentado por Máximo Barro

Carlos Coimbra – Um Homem Raro
Luiz Carlos Merten

Carlos Reichenbach – O Cinema Como Razão de Viver
Marcelo Lyra

A Cartomante
Roteiro comentado por seu autor Wagner de Assis

Casa de Meninas
Romance original e roteiro de Inácio Araújo

O Caso dos Irmãos Naves
Roteiro de Jean-Claude Bernardet e Luis Sérgio Person

O Céu de Suely
Roteiro de Karim Aïnouz, Felipe Bragança e Maurício Zacharias

Chega de Saudade
Roteiro de Luiz Bolognesi

Cidade dos Homens
Roteiro de Elena Soárez

Como Fazer um Filme de Amor
Roteiro escrito e comentado por Luiz Moura e José Roberto Torero

Críticas de Edmar Pereira – Razão e Sensibilidade
Org. Luiz Carlos Merten

Críticas de Jairo Ferreira – Críticas de invenção:
Os Anos do São Paulo Shimbun
Org. Alessandro Gamo

Críticas de Luiz Geraldo de Miranda Leão – Analisando Cinema: Críticas de LG
Org. Aurora Miranda Leão

Críticas de Ruben Biáfora – A Coragem de Ser
Org. Carlos M. Motta e José Júlio Spiewak

De Passagem
Roteiro de Cláudio Yosida e Direção de Ricardo Elias

Desmundo
Roteiro de Alain Fresnot, Anna Muylaert e Sabina Anzuategui

Djalma Limongi Batista – Livre Pensador
Marcel Nadale

Dogma Feijoada: O Cinema Negro Brasileiro
Jeferson De

Dois Córregos
Roteiro de Carlos Reichenbach

A Dona da História
Roteiro de João Falcão, João Emanuel Carneiro e Daniel Filho

Os 12 Trabalhos
Roteiro de Cláudio Yosida e Ricardo Elias

Estômago
Roteiro de Lusa Silvestre, Marcos Jorge e Cláudia da Natividade

Fernando Meirelles – Biografia Prematura
Maria do Rosário Caetano

Fim da Linha
Roteiro de Gustavo Steinberg e Guilherme Werneck; Story-
boards de Fábio Moon e Gabriel Bá

Fome de Bola – Cinema e Futebol no Brasil
Luiz Zanin Oricchio

Geraldo Moraes – O Cineasta do Interior
Klecius Henrique

Guilherme de Almeida Prado – Um Cineasta Cinéfilo
Luiz Zanin Oricchio

Helvécio Ratton – O Cinema Além das Montanhas
Pablo Villaça

O Homem que Virou Suco
Roteiro de João Batista de Andrade, organização de Ariane
Abdallah e Newton Cannito

Ivan Cardoso – O Mestre do Terrir
Remier

João Batista de Andrade – Alguma Solidão e Muitas Histórias
Maria do Rosário Caetano

Jorge Bodanzky – O Homem com a Câmera
Carlos Alberto Mattos

José Antonio Garcia – Em Busca da Alma Feminina
Marcel Nadale

José Carlos Burle – Drama na Chanchada
Máximo Barro

Liberdade de Imprensa – O Cinema de Intervenção
Renata Fortes e João Batista de Andrade

Luiz Carlos Lacerda – Prazer & Cinema
Alfredo Sternheim

Maurice Capovilla – A Imagem Crítica
Carlos Alberto Mattos

Miguel Borges – Um Lobisomem Sai da Sombra
Antônio Leão da Silva Neto

Não por Acaso
Roteiro de Philippe Barcinski, Fabiana Werneck Barcinski e Eugênio Puppo

Narradores de Javé
Roteiro de Eliane Caffé e Luís Alberto de Abreu

Onde Andará Dulce Veiga
Roteiro de Guilherme de Almeida Prado

Orlando Senna – O Homem da Montanha
Hermes Leal

Pedro Jorge de Castro – O Calor da Tela
Rogério Menezes

Quanto Vale ou É por Quilo
Roteiro de Eduardo Benaim, Newton Cannito e Sergio Bianchi

Ricardo Pinto e Silva – Rir ou Chorar
Rodrigo Capella

Rodolfo Nanni – Um Realizador Persistente
Neusa Barbosa

O Signo da Cidade
Roteiro de Bruna Lombardi

Ugo Giorgetti – O Sonho Intacto
Rosane Pavam

Vladimir Carvalho – Pedras na Lua e Pelejas no Planalto
Carlos Alberto Mattos

Viva-Voz
Roteiro de Márcio Alemão

Zuzu Angel
Roteiro de Marcos Bernstein e Sergio Rezende

Série Cinema

Bastidores – Um Outro Lado do Cinema
Elaine Guerini

Série Ciência & Tecnologia

Cinema Digital – Um Novo Começo?
Luiz Gonzaga Assis de Luca

Série Crônicas

Crônicas de Maria Lúcia Dahl – O Quebra-cabeças
Maria Lúcia Dahl

Série Dança

Rodrigo Pederneiras e o Grupo Corpo – Dança Universal
Sérgio Rodrigo Reis

Série Teatro Brasil

Alcides Nogueira – Alma de Cetim
Tuna Dwek

Antenor Pimenta – Circo e Poesia
Danielle Pimenta

Cia de Teatro Os Satyros – Um Palco Visceral
Alberto Guzik

Críticas de Clóvis Garcia – A Crítica Como Oficio
Org. Carmelinda Guimarães

Críticas de Maria Lucia Candeias – Duas Tábuas e Uma Paixão
Org. José Simões de Almeida Júnior

João Bethencourt – O Locatário da Comédia
Rodrigo Murat

Leilah Assumpção – A Consciência da Mulher
Eliana Pace

Luís Alberto de Abreu – Até a Última Sílaba
Adélia Nicolete

Maurice Vaneau – Artista Múltiplo
Leila Corrêa

Renata Palottini – Cumprimenta e Pede Passagem
Rita Ribeiro Guimarães

Teatro Brasileiro de Comédia – Eu Vivi o TBC
Nydia Licia

O Teatro de Alcides Nogueira – Trilogia: Ópera Joyce – Gertrude Stein, Alice Toklas & Pablo Picasso – Pólvora e Poesia
Alcides Nogueira

O Teatro de Ivam Cabral – Quatro textos para um teatro veloz: Faz de Conta que tem Sol lá Fora – Os Cantos de Maldoror – De Profundis – A Herança do Teatro
Ivam Cabral

O Teatro de Noemi Marinho: Fulaninha e Dona Coisa, Homeless, Cor de Chá, Plantonista Vilma
Noemi Marinho

Teatro de Revista em São Paulo – De Pernas para o Ar
Neyde Veneziano

O Teatro de Samir Yazbek: A Entrevista – O Fingidor – A Terra Prometida
Samir Yazbek

Teresa Aguiar e o Grupo Rotunda – Quatro Décadas em Cena
Ariane Porto

Série Perfil

Aracy Balabanian – Nunca Fui Anjo
Tania Carvalho

Arllete Montenegro – Fé, Amor e Emoção
Alfredo Sternheim

Ary Fontoura – Entre Rios e Janeiros
Rogério Menezes

Bete Mendes – O Cão e a Rosa
Rogério Menezes

Betty Faria – Rebelde por Natureza
Tania Carvalho

Carla Camurati – Luz Natural
Carlos Alberto Mattos

Celso Nunes – Sem Amarras
Eliana Rocha

Cleyde Yaconis – Dama Discreta
Vilmar Ledesma

David Cardoso – Persistência e Paixão
Alfredo Sternheim

Denise Del Vecchio – Memórias da Lua
Tuna Dwek

Elisabeth Hartmann – A Sarah dos Pampas
Reinaldo Braga

Emiliano Queiroz – Na Sobremesa da Vida
Maria Leticia

Etty Fraser – Virada Pra Lua
Vilmar Ledesma

Geórgia Gomide – Uma Atriz Brasileira
Eliana Pace

Gianfrancesco Guarnieri – Um Grito Solto no Ar
Sérgio Roveri

Glauco Mirko Laurelli – Um Artesão do Cinema
Maria Angela de Jesus

Ilka Soares – A Bela da Tela
Wagner de Assis

Irene Ravache – Caçadora de Emoções
Tania Carvalho

Irene Stefania – Arte e Psicoterapia
Germano Pereira

Isabel Ribeiro – Iluminada
Luis Sergio Lima e Silva

Joana Fomm – Momento de Decisão
Vilmar Ledesma

John Herbert – Um Gentleman no Palco e na Vida
Neusa Barbosa

José Dumont – Do Cordel às Telas
Klecius Henrique

Leonardo Villar – Garra e Paixão
Nydia Licia

Lília Cabral – Descobrindo Lília Cabral
Analu Ribeiro

Lolita Rodrigues – De Carne e Osso
Eliana Castro

Louise Cardoso – A Mulher do Barbosa
Vilmar Ledesma

Marcos Caruso – Um Obstinado
Eliana Rocha

Maria Adelaide Amaral – A Emoção Libertária
Tuna Dwek

Marisa Prado – A Estrela, O Mistério
Luiz Carlos Lisboa

Miriam Mehler – Sensibilidade e Paixão
Vilmar Ledesma

Nicette Bruno e Paulo Goulart – Tudo em Família
Elaine Guerrini

Nívea Maria – Uma Atriz Real
Mauro Alencar e Eliana Pace

Niza de Castro Tank – Niza, Apesar das Outras
Sara Lopes

Paulo Betti – Na Carreira de um Sonhador
Teté Ribeiro

Paulo José – Memórias Substantivas
Tania Carvalho

Pedro Paulo Rangel – O Samba e o Fado
Tania Carvalho

Regina Braga – Talento é um Aprendizado
Marta Góes

Reginaldo Faria – O Solo de Um Inquieto
Wagner de Assis

Renata Fronzi – Chorar de Rir
Wagner de Assis

Renato Borghi – Borghi em Revista
Élcio Nogueira Seixas

Renato Consorte – Contestador por Índole
Eliana Pace

Rolando Boldrin – Palco Brasil
Ieda de Abreu

Rosamaria Murtinho – Simples Magia
Tania Carvalho

Rubens de Falco – Um Internacional Ator Brasileiro
Nydia Licia

Ruth de Souza – Estrela Negra
Maria Ângela de Jesus

Sérgio Hingst – Um Ator de Cinema
Máximo Barro

Sérgio Viotti – O Cavalheiro das Artes
Nilu Lebert

Silvio de Abreu – Um Homem de Sorte
Vilmar Ledesma

Sônia Guedes – Chá das Cinco
Adélia Nicolete

Sonia Maria Dorce – A Queridinha do meu Bairro
Sonia Maria Dorce Armonia

Sonia Oiticica – Uma Atriz Rodrigueana?
Maria Thereza Vargas

Suely Franco – A Alegria de Representar
Alfredo Sternheim

Tatiana Belinky – ... E Quem Quiser Que Conte Outra
Sérgio Roveri

Tony Ramos – No Tempo da Delicadeza
Tania Carvalho

Vera Holtz – O Gosto da Vera
Analu Ribeiro

Vera Nunes – Raro Talento
Eliana Pace

Walderez de Barros – Voz e Silêncios
Rogério Menezes

Zezé Motta – Muito Prazer
Rodrigo Murat

Especial

Agildo Ribeiro – O Capitão do Riso
Wagner de Assis

Beatriz Segall – Além das Aparências
Nilu Lebert

Carlos Zara – Paixão em Quatro Atos
Tania Carvalho

Cinema da Boca – Dicionário de Diretores
Alfredo Sternheim

Dina Sfat – Retratos de uma Guerreira
Antonio Gilberto

Eva Todor – O Teatro de Minha Vida
Maria Angela de Jesus

Eva Wilma – Arte e Vida
Edla van Steen

Gloria in Excelsior – Ascensão, Apogeu e Queda do Maior Sucesso da Televisão Brasileira
Álvaro Moya

Lembranças de Hollywood
Dulce Damasceno de Britto, organizado por Alfredo Sternheim

Maria Della Costa – Seu Teatro, Sua Vida
Warde Marx

Ney Latorraca – Uma Celebração
Tania Carvalho

Raul Cortez – Sem Medo de se Expor
Nydia Licia

Rede Manchete – Aconteceu, Virou História
Elmo Francfort

Sérgio Cardoso – Imagens de Sua Arte
Nydia Licia

TV Tupi – Uma Linda História de Amor
Vida Alves

Victor Berbara – O Homem das Mil Faces
Tania Carvalho

Walmor Chagas – Ensaio Aberto para Um Homem Indignado
Djalma Limongi Batista

Formato: 12 x 18 cm

Tipologia: Frutiger

Papel miolo: Offset LD 90 g/m^2

Papel capa: Triplex 250 g/m^2

Número de páginas: 320

Editoração, CTP, impressão e acabamento:
Imprensa Oficial do Estado de São Paulo

Coleção Aplauso Série Cinema Brasil

Coordenador Geral	Rubens Ewald Filho
Coordenador Operacional e Pesquisa Iconográfica	Marcelo Pestana
Projeto Gráfico	Carlos Cirne
Editor Assistente	Felipe Goulart
Assistente	Edson Silvério Lemos
Editoração	Sandra Regina Brazão
Tratamento de Imagens	José Carlos da Silva
Revisão	Wilson Ryoji Imoto

© **imprensaoficial** 2008

Dados Internacionais de Catalogação na Publicação
Biblioteca da Imprensa Oficial do Estado de São Paulo

Schvarzman, Sheila
    Mauro Alice : um operário de filme / Sheila Schvarzman –
São Paulo : Imprensa Oficial do Estado de São Paulo, 2008.
    320p. : il. – (Coleção aplauso. Série cinema Brasil /
coordenador geral Rubens Ewald Filho)

    ISBN 978-85-7060-654-9

    1. Cinema – Montagem e cenário 2. Cinema – Brasil
- História 3. Alice, Mauro, 1925 I. Ewald Filho, Rubens. II.
Título. III. Série.

CDD 792.4

Índices para catálogo sistemático:
1. Cinema : Brasil : História 792.430 981

Foi feito o depósito legal na Biblioteca Nacional
(Lei nº 10.994, de 14/12/2004)
Direitos reservados e protegidos pela lei 9610/98

Imprensa Oficial do Estado de São Paulo
Rua da Mooca, 1921   Mooca
03103-902 São Paulo   SP
www.imprensaoficial.com.br/livraria
livros@imprensaoficial.com.br
Grande São Paulo SAC 11 5013 5108 I 5109
Demais localidades 0800 0123 401